AF230545

ÉMILE FAGE

—

LES BALUZE

DITS

LES POLONAIS

TULLE

IMPRIMERIE RASTOUIL FRÈRES

—

1898

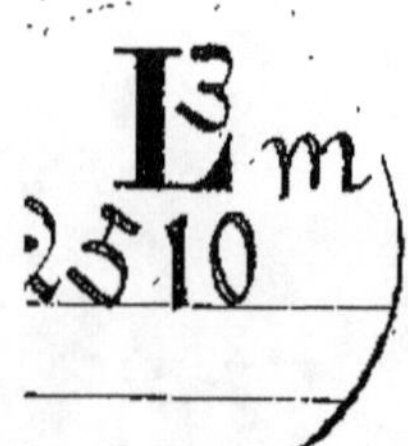

ÉMILE FAGE

LES BALUZE

DITS

LES POLONAIS

TULLE

IMPRIMERIE RASTOUIL FRÈRES

1898

Entre les hommes qui se sont distingués dans ma ville natale, j'en ai choisi quelques uns, d'origine et de race foncièrement tulloise, — formant un groupe très distinct, — pour les proposer en exemple à ceux de mes concitoyens, qui ont le zèle de l'étude, l'amour de leur pays et l'ambition de le bien servir.

Ils sont du même temps, ils appartiennent à la même famille, ils ont eu le même berceau, ils portent le même nom. Sauf l'un d'eux qui a vu le jour à l'étranger, ils sont nés et se sont élevés à Tulle. Leur enfance a eu pour cadre les collines qui nous entourent, s'est écoulée dans les rues où nous passons. Leur intelligence s'est ouverte à la lumière des belles histoires de notre province, et leur curiosité s'est éveillée au milieu de nos merveilleux paysages.

On trouvera, à la suite des chapitres qui les concernent, quelques pages sur les rapports du savant Baluze, au moment le plus critique de son existence, avec Mme de Maintenon. J'ai consacré à ce dernier, qui est la couronne de la famille, une étude spéciale, faisant l'objet d'une publication séparée. Les notices, relatives aux Baluze dits les Polonais, ont paru en 1886 et 1887, dans le Bulletin de la Société des Lettres, Sciences et Arts de la Corrèze. Je les ai depuis remaniées et augmentées en bien des parties. Il y a des souvenirs qui sont agréables à cultiver.

Les vieux monuments disparaissent avec les années. Les hommes qui ont gagné le droit de durer leur survivent. Notre ancien Collège, situé au bord de la Corrèze, et qui a abrité tant de générations : où les Baluze se sont préparés, dès leurs premiers pas dans l'étude, aux plus brillantes carrières ; déjà entamé par la pioche, en partie détruit, ne tardera pas à être effacé du sol qui l'a porté pendant plus de trois siècles. Les personnages, dont nous allons parler, échapperont, Dieu merci, aux injures du temps et au ravage des démolisseurs, resteront toujours présents dans notre cité. Leurs qualités éminentes d'esprit, leur ferveur de patriotisme, le solide éclat de leur vie, la considération qu'ils nous ont donnée, les sauveront de l'oubli.

Les essais que j'offre à mes compatriotes ont pour objet de vulgariser parmi eux les mérites

et les services de plusieurs membres de cette
famille. Puissent-ils contribuer à entretenir
chez nous le culte des foyers d'élite !

J'ai lieu d'espérer que d'autres écrits, s'ins-
pirant des mêmes sentiments, et enrichis de
documents originaux, de vues nouvelles, vien-
dront les compléter un jour, et rendre à la
mémoire des Baluze un hommage, sinon plus
sincère, du moins plus digne d'eux.

Tulle, le 21 décembre 1898.

E. F.

LES BALUZE

DITS

LES POLONAIS

I

ANTOINE BALUZE

Ses débuts en province. — Son arrivée a la
Cour de Louis XIII. — Marie-Louise de Gon-
zague. — Les prétendants a sa main. — Son
mariage avec le roi Ladislas. — Antoine
Baluze et Cécile de Viel sa femme l'accom-
pagnent en Pologne. — Singulier voyage. —
Duel de la France et de l'Autriche. — Etat
de guerre des Cours du Nord. — Politique
de la France. — Règne de Jean Casimir. —
Emplois d'Antoine Baluze. — Mort de Jean
Casimir. — Son successeur. — Échec momen-
tané de la politique française. — Jean
Sobieski. — Baluze résident en Pologne. —
Ses services. — Sa rentrée en France.

La famille Baluze est une des plus considérables, parmi celles qui ont marqué dans les
annales de la ville de Tulle. La place qu'elle
tint dans cette cité, son attachement aux tra-
ditions locales, son culte pour la petite et pitto-
resque patrie où Dieu la fit naître, les dons

éminents d'intelligence dont elle fut pourvue, les hauts emplois auxquels plusieurs des siens arrivèrent, les services qu'elle rendit à la France et à son pays d'origine, donnent à la physionomie de cette famille un caractère particulier de grandeur patriotique et intellectuelle. Celui de ses membres qui l'a le plus illustrée, et dont le nom vivra autant que la science, est l'historien Baluze ; mais, à côté et au-dessous du savant écrivain, se groupent encore de très nobles représentants de cette forte race, bien des hommes distingués, à des degrés divers, dans l'administration, dans les lettres, dans la diplomatie. Etienne Baluze a consacré à son cousin-germain Antoine, dans son *Histoire de Tulle*, un chapitre qui lui fait honneur.

Antoine Baluze était fils de Jean-Calmine et de Catherine Meynard. On ignore la date de sa naissance. Il devait y avoir une assez grande différence d'âge entre lui et son cousin Etienne, qui est né à Tulle le 24 novembre 1630.

Dès qu'il fut en état de commencer ses études, il entra au collège des jésuites de sa ville natale. Il les continua ensuite au collège Saint-Martial de Toulouse. Les succès du jeune étudiant dénotaient d'heureuses dispositions. Il avait du jugement, du goût, un vif sentiment des belles-lettres et en même temps le sens des choses pratiques. C'était, dit son célèbre parent, un garçon d'un très bon esprit et d'un naturel honnête.

Sa famille n'hésita pas à le pousser dans la voie des hautes études. Il suivit la carrière du droit, entra au barreau et s'y fit remarquer par de brillants débuts. Il cultiva les muses latines alors en faveur et publia un volume intitulé : *Baluzii Carmina et Epistolæ selectæ.*

Baluze se trouvait ainsi mis en évidence par son propre mérite. Des recommandations de marque le signalèrent bientôt à Louis XIII, qui ne tarda pas à l'appeler auprès de lui. C'est à la date du 21 septembre 1631 qu'il prit rang parmi les gentilshommes attachés à la personne du roi.

Une circonstance inattendue le sortit, peu d'années après, de la foule des courtisans qui faisaient l'ornement attrayant mais frivole de la Cour de Louis XIII. Il y avait, en ce temps-là, à la Cour, une princesse d'une beauté séduisante et d'un rare esprit, Marie-Louise de Gonzague, fille du duc de Mantoue. Elle exerçait sur le monde en vue de l'époque un grand empire. Son intelligence, son aptitude aux affaires d'Etat, son génie politique la désignaient à l'attention des puissances. Les prétendants à sa main étaient nombreux. Dès 1636, le roi de Pologne Ladislas avait manifesté une vive inclination pour cette princesse. Il l'avait recherchée en mariage. Des considérations poliques s'opposèrent à l'accomplissement de ses desseins ; et Ladislas reçut, bon gré mal gré, des mains de l'empereur d'Autriche, Cécile-Renée d'Autriche, sa fille.

Le duc d'Orléans, frère unique de Louis XIII, comptait parmi les fervents adorateurs de Marie de Gonzague. Il n'était bruit à la Cour et à la ville que des éclats de sa passion. Marie de Médicis coupa court à une aussi belle flamme, en le séparant brutalement de Marie-Louise, qui fut mise, à cette occasion, en un lieu de sûreté, dans une prison de Vincenne.

Le plus amoureux de tous fut l'entreprenant et charmant favori de Louis XIII, le marquis de Cinq-Mars. La princesse se montra fort touchée des marques de tendresse passionnée dont elle était l'objet de sa part, mais fit la sourde oreille à ses propositions de mariage. Elle était aussi ambitieuse que belle. Elle avait dit, lorsqu'il était question de son union avec Gaston d'Orléans, « que Monsieur n'était pas roy et qu'elle était destinée pour être reine. » Cinq-Mars fut sacrifié comme le duc d'Orléans.

Sur ces entrefaites, le roi Ladislas, étant devenu veuf, revint à ses premières amours, fit faire des ouvertures à Marie-Louise, et, comme les difficultés qui s'étaient mises, au début, en travers de son projet, s'étaient depuis lors aplanies, les négociations relatives au mariage marchèrent bon train. La princesse fut épousée par procuration, au mois d'octobre 1644. Le contrat arrêté en juillet 1645 fut signé à Paris, le 26 septembre suivant, par l'envoyé polonais Dönhoff. Une magnifique ambassade vint exprès de Varsovie pour recevoir la nouvelle reine. Le cortège était somptueux, ruisselant d'or et de pierreries ; il excita l'étonnement des courtisans de Versailles.

Au nombre des personnes de France qui accompagnèrent Marie de Gonzague en Pologne, figuraient l'évêque d'Orange, la maréchale de Guébriand, qui était attachée à la Reine en qualité d'ambassadrice extraordinaire et de surintendante de sa conduite, le poète Saint-Amand, Antoine Baluze, au titre de gentilhomme ordinaire de sa chambre, et Cécile de Viel, son épouse, noble personne de Normandie, dame d'honneur de *Sérénissime Louise-Marie.*

L'esprit de perspicacité et de prudence d'Antoine Baluze fut soumis à une rude épreuve, pendant ce voyage. La reine et sa suite cheminaient au milieu des obstacles ; on n'avançait que très lentement, à pas de tortue. Comme le roi avait la goutte et ne se voyait pas en état d'accomplir le mariage, il n'était sortes de bâtons qu'il ne mît dans les roues des carrosses, qui emmenaient la belle princesse et sa maison. Les temps d'arrêt se multipliaient ; les haltes se prolongeaient outre mesure ; et, comme le diable s'en mêlait, on en vint à dire que le roi n'était nullement malade, mais qu'il avait reçu de France des mémoires secrets fort compromettants pour la princesse, et au sujet desquels il avait besoin d'être édifié, avant de pousser les choses plus avant. C'était pure calomnie. Le roi avait bien ses gouttes et désirait simplement d'être en santé pour faire honneur à Marie-Louise.

La surintendante de la conduite de la Reine se montra grandement offensée de la tournure qu'avaient prise les choses, des lenteurs préméditées du voyage, du fâcheux effet qui s'en était suivi et des commentaires injurieux qui avaient cours. Elle s'emporta jusqu'à faire de vives remontrances à la Cour de Pologne et y mit une telle hauteur que le mariage faillit être rompu du coup. Aussi, à peine arrivée à Varsovie, le huit avril, prit-elle en toute hâte congé du roi qui ne se fit pas tirer l'oreille pour le lui accorder ; dès le 10, elle était en route pour la France.

Antoine Baluze, dans ces conjonctures critiques, fit preuve de discernement, de sagesse, d'un grand tact, ce qui l'établit tout-à-fait dans la confiance du roi et les bonnes grâces de la reine. Ses services, à ce moment, comme ceux qu'il fut appelé à rendre plus tard, ne cessèrent d'être estimés comme ils le méritaient. Ils furent hautement reconnus par la cour de Pologne et reçurent, à maintes reprises, l'approbation de la France.

Son attachement à la reine, qui était restée française de cœur, ne fit que se fortifier avec les années. N'oublions pas de mentionner que de cette époque date un fait mémorable dans l'histoire des deux pays : la première apparition des troupes polonaises dans les armées de France et l'amitié chevaleresque qui unit les deux nations.

Baluze arrivait en Pologne dans les conditions les plus difficiles. Depuis peu, le duel de la France avec l'Autriche était ouvert. C'était à qui, de Louis XIV ou de l'Empereur, fonderait le plus solidement son influence auprès des Cours du Nord. Ces Cours étaient en un état perpétuel de divisions et de guerres. La Turquie, la Suède et la Pologne pouvaient nous être d'un grand secours contre l'Autriche. La Turquie nous était attachée par les liens d'une politique traditionnelle. La Suède était bien disposée en faveur de la France. La Pologne, qui avait à compter avec sa puissante voisine, incessamment tiraillée entre la France et l'Autriche, penchait alternativement, suivant les évènements, d'un côté ou de l'autre.

L'intérêt supérieur de la France était de pacifier ces puissances et de faire asseoir un prince français sur le trône de Pologne, ou de s'unir à cette nation par un mariage, et, dans tous les cas, de paralyser l'influence de l'Empereur en combattant les prétendants autrichiens.

L'Autriche, dès que la royauté en Pologne fut élective, et dans les premiers essais qui furent faits de ce système de gouvernement, avait eu la chance de donner une princesse de sa maison au roi élu, Henri d'Anjou. Celui-ci ayant déserté le trône et fait place à Ladislas, la France avait repris ses avantages par le mariage de Marie de Mantoue. Il s'agissait de défendre Ladislas contre les menées de l'Autriche et d'amener la Suède, qui guerroyait contre la Pologne, à conclure, sinon une paix définitive, du moins une trêve qui permît aux passions et aux divisions de se calmer.

Tel fut le rôle qui était échu à Baluze, alors résident en Pologne, et telle était la politique dont il devait être un des instruments les plus actifs.

L'Autriche n'avait rien retranché de ses exigences ; elle cherchait par tous les moyens à regagner le terrain perdu et à éloigner de l'alliance française le roi de Pologne. Marie de Gonzague subissait, malgré elle, la pression des évènements et des préoccupations de son nouveau pays, qui était fortement agité par les manœuvres de l'Autriche, et par le rapprochement qui s'était fait entre la France et la Suède. Ce rapprochement portait ombrage à la République. Elle avait de grosses prétentions sur la Suède. Depuis la mort de Sigismond, qui avait porté les deux couronnes de Pologne et de Suède, elle se croyait appelée à recueillir l'héritage de ce dernier royaume. Les inquiétudes et les menées, dont Marie de Gonzague se sentait entourée, n'étaient pas sans l'incliner du côté de l'Autriche. Si son cœur était français, ses intérêts lui dictaient une conduite contraire à ses vœus. Son mari, au surplus, ne lui donnait aucune part au gouvernement. Elle le laissait agir à sa guise. Son influence n'en était pas moins réelle, s'ancrait de jour en jour p'us solidement auprès des grandes familles de Pologne, et elle s'y faisait un parti, dont elle devait plus tard récolter les bénéfices.

Le règne de Ladislas fut de courte durée. Le roi mourut en 1648. Ce fut son frère, le prince Casimir, qui lui succéda au double titre de roi et d'époux. Marie de Gonzague profita de son crédit pour le faire agréer des Seigneurs. Ce prince était d'un caractère irrésolu et faible. La

reine pensait qu'il serait facile de prendre sur lui
un empire absolu, et qu'elle gouvernerait sous
son nom. Mais le mariage ne fut pas sans
difficultés. Le prince Casimir s'était fait jésuite,
avait passé cardinal. Il dut au préalable se
démettre du cardinalat et quitter l'habit de
jésuite, puis solliciter la dispense du pape pour
épouser sa belle-sœur. Il se mit en règle et
obtint la dispense, sous prétexte, dit Tallemand,
que le mariage n'avait pas été consommé avec
Ladislas, qui avait toujours été malade. Une
ambassade polonaise alla le chercher à Cluny,
où il s'était réfugié. Son élévation au trône de
Pologne eut lieu en novembre 1648, et son
mariage avec la veuve du roi son frère suivit
de près (1649).

Casimir ne connut pas au pouvoir de jours
heureux. Son règne fut traversé de troubles
graves et incessants. Charles-Gustave, arrière
petit-fils de Gustave Wasa, était alors à la tête
des armées suédoises. Les trèves conclues avec
la Suède avaient pris fin, et les hostilités avaient
recommencé. Le succès des armes de ce brillant
capitaine était prodigieux. Charles-Gustave avait
jeté en Pologne des germes de divisions pro-
fondes. Les seigneurs mécontents, les palatins
révoltés, les plus grandes familles du pays, et,
à leur suite, une grande partie de la République avaient abandonné leur prince légitime,
reconnu pour roi Charles-Gustave. Presque toute
la Pologne était passée aux mains des Suédois.
Jean-Casimir, après un dernier effort, dut fuir

devant l'ennemi. La reine, réfugiée à Gracovie, avait aidé son mari de tout le crédit et de toutes les ressources dont elle pouvait disposer, mais la mauvaise fortune des armes polonaises était irrémédiable. Gracovie tomba au pouvoir des soldats de Charles-Gustave. Le roi et la reine se retirèrent en Silésie.

Baluze donna la mesure, au cours de ces événements, de fortes qualités et d'une fertilité d'esprit peu commune. Il s'acquitta, en homme courageux et supérieur, de missions diplomatiques délicates, et apporta au malheureux Casimir un concours des plus utiles, sans jamais perdre de vue les intérêts de la France. Moreri rapporte que, le roi de Pologne étant revenu en 1656 dans son royaume, Antoine Baluze continua de lui rendre d'éminents services dans les affaires les plus épineuses, et qu'il fut plusieurs fois en danger de sa vie pour sauver les intérêts de ce prince.

Une note manuscrite qui se trouve dans les *Armoires* d'Etienne Baluze (1) contient l'historique des faits auxquels Antoine se trouva mélé, et qui ont servi de matière pour l'établissement du chapitre le concernant dans l'*Histoire de Tulle*. Nous la reproduisons textuellement :

EMPLOYS DE M. DE BALUZE EN POLOGNE

Le roy de Pologne Jean-Casimir ayant esté obligé par le roi de Suéde Gustave-Adolphe d'abandonner son royaume

______

(1) Bibliothèque nationale. — Armoires de Baluze, tome 251, page 122.

et de se retirer en Silésie, et songeant sans relâche à ce qui pouvoit contribuer au bien de ses affaires, il trouva à propos d'envoyer une personne de confiance à M. le comte d'Avaucour, Ambassadeur du roi très chrestien auprès de S. M. suédoise, pour traiter avec lui d'affaires de la dernière conséquence. Il jeta les yeux sur M. de Baluze, qui, nonobstant les grands dangers qui accompagnoient cet emploi, ne voulut pas s'en excuser, et l'accepta pour tesmoigner à son maistre, dans la présente nécessité de ses affaires, la passion qu'il avoit pour son service. Il fut question de chercher les moyens pour faire ce voyage, et l'on n'en trouva point d'autres que celuy de faire semblant de quitter une cour exilée et malheureuse pour retourner en son pays, et de passer à Varsovie, sous prétexte d'y aller prendre ses hardes, et tomber ainsi comme par occasion dans l'armée suédoise. Il reçut pour cet effet les ordres de S. M. polonaise et il fut muni d'un passeport avec lequel il se mit en chemin le 25 novembre 1655 laissant la Cour à Opol. Arrivé qu'il fût dans l'armée de Suède, il alla chez M. d'Avaucour comme un François qui va naturellement chercher le ministre de son roy partout où il y en a un. On n'eust pas plus tôt appris son arrivée que l'on le fist arrêter de la part du roi de Suède, sur le pas de la porte du logis de M. l'Ambassadeur de France, où il estoit allé parler à quelqu'un au sortir de table sans chapeau. Il fut interrogé plusieurs fois et gardé à vue comme un criminel cinq jours durant, pendant lesquels l'on cherchoit de quoy lui faire son procès, nonobstant les sollicitations de M. d'Avaucour qui prétendoit que l'on avait violé le droit des gens en prenant chez lui un sujet du roy son maistre. Les réponses dudit sieur de Baluze ont été seules causes de son salut, s'étant trouvé extrêmement justes, et n'ayant été trouvé saisi de quoi que ce soit capable de lui nuire. Il avoit trouvé moyen de se défaire de ses chiffres. Le jour de son arrivée dans le camp des suédois fut le 18 décembre et il fut relâché à Tinton le 24 du même mois, veille de Noël, avec un passeport du roy de Suède aussi honnestement et honorablement qu'il avait été maltraité pendant son arrest. Il prit son chemin par Dantzig pour retourner en Silésie, où il fut reçu de son maistre et de toute la Cour avec des témoignages d'une grande joie. Le passeport du roy de

France, celui du roy de Suède et un de Mgr de Dantzig font foi de ce voyage.

L'adresse avec laquelle M. de Baluze s'étoit tiré du voyage ci-dessus et la manière dont il s'acquitta de tout ce qui lui avoit été commis persuada au roy Jean-Casimir de Pologne qu'il pourrait s'en servir utilement dans d'autres affaires.

En effet, il se présenta peu de temps après une occasion qui n'étoit pas d'une petite confiance. La ville de Pétriscow, siège du tribunal ou parlement de Pologne, pendant six mois de l'année, étoit aux mains des Suédois, sous le commandement du colonel Piron. S. M. voyant que ce commandant n'étoit pas en assez bon état pour soutenir un siège et voyant même en lui quelque disposition à rendre la place, elle envoya le sieur de Baluze avec pouvoir de traiter avec ledit Piron ; tout le monde sait l'heureux succès de sa négociation, puisque le traité ayant été conclu et signé le 1er de juillet de l'année 1656, la garnison sortit le 4 et la place fut remise entre les mains du palatin. Ledit sieur Piron et sa garnison prirent parti dans l'armée polonaise, et ce chef conservant la qualité de colonel et le commandement de ses gens, prêta son serment de fidélité à S. M. deux jours auparavant la reddition de la place : le traité en original, outre les ordres donnés audit sieur de Baluze, font foi de ce que dessus.

AUTRE COMMISSION

L'an 1657, le sieur de Baluze fut envoyé par la reine de Pologne à Bresch, en Cujavie, pour traiter de la reddition de cette place avec le sieur Rigaud, commandant dans icelle pour le roy de Suède. Il ne réussit pas moins heureusement dans cette négociation que dans les autres, puisque le commandant sortit peu de jours ensuite hors de la place avec sa garnison, après avoir fait ses conditions pour lui et pour les siens. Il est vrai que la noblesse, étant à cheval et l'ayant rencontrée en chemin, la tailla tout en pièces, à la réserve du commandant avec quatre ou cinq officiers ou soldats, que le sieur de Baluze eut toutes les peines du monde à se sauver, ayant couru lui-même grand risque de sa vie, parce qu'il se trouva au milieu de ces malheureux ; l'on tint au sieur de

Rigaud ce qui lui avoit été promis, ainsi qu'à ceux qui avaient échappé le danger avec lui, et l'on a déploré la cruelle fin de leurs camarades, n'ayant pu faire autre chose.

AUTRE

Une instruction du 4 juin 1658 fait voir que le sieur de Baluze a été aussi envoyé par le roy de Pologne à M. le comte de Montécuculli, pour faire savoir à ce général de l'Empereur les résolutions que S. M. avait prises dans un grand conseil de guerre et pour le porter à l'exécution d'icelles de sa personne et de ses troupes. — Il s'agissait de prendre principalement la ville de Thorn, de s'opposer aux sorties des assiégés.

M. de Baluze s'acquitta au mieux de sa commission. La ville de Thorn fut prise peu de temps après.

La correspondance avec M. de Montécuculli et des officiers généraux de l'armée impériale marque la confiance qu'on avoit en Baluze.

La Pologne qui s'était jetée dans les bras de Charles-Gustave, avec une légèreté dont elle ne pouvait tarder à déplorer les conséquences, se ressaisit bientôt, dès que les circonstances se montrèrent favorables. Elle profita habilement des démêlés que la Suède avait alors avec le Danemark pour redevenir maîtresse de ses destinées et se replacer sous la direction du prince qu'elle avait élu. La paix d'Oliva, qui fut conclue au mois de mai 1660, eut pour effet d'amener l'évacuation du territoire de la République par les armées suédoises, et de permettre à la France de reprendre sa politique traditionnelle, qui était d'établir une dynastie française à Varsovie.

Marie de Gonzague, qui n'avait d'enfants ni de Ladislas ni de Casimir, avait conçu le dessein

de faire épouser sa nièce Anne, fille de la princesse Palatine, à un prince étranger et de lui
assurer du vivant de Jean-Casimir, par un vote
de la Diète, le trône de Pologne. Mazarin,
mettant à profit ces dispositions, proposa le duc
d'Enghien pour époux de la princesse Anne et
comme héritier de Jean-Casimir. Le duc fut
agréé. L'Autriche n'y fit pas opposition. L'élection paraissait certaine. Elle échoua, pourtant,
devant les intrigues d'un grand de Pologne,
Lubormiski, personnage considérable par sa
naissance, ses talents et sa fortune, dont
la valeur diplomatique et militaire s'était à
plusieurs reprises signalée en Suède et en
Moscovie. Il souleva la noblesse polonaise et
l'armée. Les Diètes de 1660 et de 1661, appelées
à se prononcer, repoussèrent la candidature
du duc d'Enghien. Jean-Casimir, effrayé de
l'ascendant de Lubormiski, songea, dès que
la question du duc d'Enghien fut tranchée, à se
débarrasser d'un seigneur aussi redoutable.
Il l'accusa de lèse-majesté, le déféra aux tribu-
naux, qui le condamnèrent par contumace à
la peine de mort. Lubormiski avait prudemment
pris la fuite, s'était réfugié en Autriche. Il n'eut
pas de peine à intéresser à sa cause l'Empereur,
et quelque temps après, grâce aux secours qui
lui vinrent de l'Autriche, il entreprit contre
Jean-Casimir une guerre qui dura cinq ans,
coupa la nation en deux et la mit aux prises
avec elle-même. Les dissensions intestines, qui
en furent la conséquence, ne prirent fin qu'en
1666.

A quelque temps de là, le 10 mai 1667, mourait à Varsovie, presque subitement, la Reine de Pologne. Jean-Casimir, accablé par les évènements, dégoûté de plus en plus du pouvoir, et qui n'était resté sur le trône que grâce à l'appui, aux conseils et à la force d'âme de la Reine, abdiqua publiquement dans l'église de Saint-Jean-de-Varsovie, le 16 septembre 1668.

L'ère des compétitions se trouvait ainsi rouverte. La France, qui avait déjà pensé à Condé pour le trône de Pologne, posa sa candidature et envoya à Varsovie, pour la soutenir, l'évêque de Béziers, M. de Bonzy, avec mission de patronner énergiquement Condé, de s'opposer à l'élection d'un prince autrichien, et au cas où les chances de Condé ne seraient pas suffisantes, de se rallier au duc de Neubourg, qui avait épousé en premières noces une fille de Sigismond III. Ce fut le plus obscur des candidats, un gentilhomme presque ignoré, incapable, inventé par l'esprit de faction, qui l'emporta : Michel Koribut. La politique française subissait un échec sensible. Koribut était une créature de l'Autriche. Un an après son élection, le 16 février 1670, il épousait l'archiduchesse Éléonore, sœur aînée de l'Empereur. La mission de l'évêque de Béziers avait mal tourné. Sa position à Varsovie était devenue difficile. Louis XIV jugea à propos de ne pas aggraver la situation, et de ne pas s'aliéner irrémissiblement le nouveau roi par une attitude hostile. Il dépêcha le comte de Lionne, fils du ministre, pour complimenter Koribut, rappela son ambassadeur et le remplaça par un diplomate habile, M. Toussaint de Forbin-Janson, évêque de Marseille.

Le parti français en Pologne était vaincu, non désarmé. Il conservait l'espoir de ramener la fortune et de faire élire un prince français. Il avait, sans perdre de temps, et même avant que le nouvel ambassadeur ne fût arrivé à sa destination, jeté les yeux sur le comte de Saint-Pol, fils du duc de Longueville. La Cour de Versailles jugea utile de résister aux impatiences de ses partisans et d'attendre une occasion plus propice pour la réalisation de ses vues. Les circonstances lui vinrent bientôt en aide. Michel Koribut occupa le trône peu de temps ; il mourut après un règne agité et malheureux de quatre ans, qui avait vu s'accomplir, sans pouvoir le conjurer, le démembrement de la Pologne par les Turcs. Le comte de Saint-Pol, tué au passage du Rhin, le 12 juin 1672, avait disparu de la scène. Louis XIV donna mission à Forbin-Janson de faire échec à tout prix à la candidature du duc Charles de Lorraine, de soutenir celle du duc de Neubourg et de n'appuyer le prince de Condé ou son fils qu'autant que les dispositions de la Diète se porteraient d'elles-mêmes de leur côté.

Dans les premiers jours de mai 1674, l'ambassadeur de France arrivait en Pologne. Il se rendit facilement compte du mouvement des esprits au sujet de l'élection pendante. Ni Condé ni Neubourg n'avaient de chances. Elles se déclaraient manifestement en faveur d'un polonais de haute naissance, illustre par ses exploits militaires, Jean Sobieski. Ce nouveau prétendant n'était pas un étranger pour la France. Il y avait résidé plusieurs années dans sa jeunesse, avait été reçu dans la maison de Condé, dans celle du duc de Longueville, et avait servi dans les mousquetaires rouges. Il aimait la France. Sa femme était française, fille de Henri de la Grange, marquis d'Arquien, capitaine des Gardes Suisses du duc d'Orléans, et de Françoise de la Châtre. Forbin Janson n'hésita pas à mettre son influence au service d'un prétendant qui offrait, par ses antécédents et ses alliances, des garanties sur lesquelles il était permis de compter. Ses prévisions furent couronnées de succès. Son candidat fut proclamé roi, le 21 mai.

Louis XIV songea à tirer parti des circonstances, et envoya à Sobieski et à la reine, pour les complimenter, le marquis de Béthune. Il ne pouvait être fait un meilleur choix. Sobieski et Béthune avaient épousé les deux sœurs. Des liens d'estime et d'amitié les unissaient. L'envoyé français connaissait à fond la cour de Pologne. Il pouvait rendre d'importants services. Le roi Louis le nomma ambassadeur en remplacement de Forbin Janson.

Le crédit, du reste, de celui-ci avait singulièrement baissé. Après avoir occupé à la cour de Pologne et dans l'esprit de Sobieski une situation très haute, il se voyait l'objet de défiances et de procédés, qui témoignaient d'un refroidissement inquiétant à son égard. Forbin Janson, qui visait au chapeau de cardinal, avait obtenu tout d'abord l'appui chaleureux du roi et de la reine de Pologne. A quelque temps de là, sa disgrâce était complète : le roi et la reine priaient le pape de tenir pour non avenues leurs démarches antérieures. La cause de ce revirement venait de ce que l'évêque de Marseille, très ambitieux, voulant satisfaire à tout prix ses visées personnelles, n'avait reculé devant aucunes promesses, en avait fait de fort exagérées à la Cour de Pologne, en avait réalisé quelques unes et laissé de côté beaucoup d'autres ; de ce que la reine, alléchée par les perspectives d'argent ouvertes devant ses yeux, avait promis la pourpre à l'évêque et sollicité la Cour de Rome en sa faveur ; et de ce que, désappointée par la suite, amèrement trompée par les gasconnades et les vantardises de l'ambassadeur, elle s'était retournée d'autant plus vivement, avec un emportement de femme et de reine blessée, contre l'artisan de sa déception. Son empressement à démolir son ouvrage fut égal à celui qu'elle avait mis à le faire, si bien que la barrette de cardinal semblait à jamais perdue pour l'impatient Forbin Janson (1).

Antoine Baluze a dessiné très finement le portrait de ce personnage dans une lettre écrite de Varsovie en langue limousine et portant la date du 31 août 1674. En arrivant à Varsovie,

----

(1) Louis XIV qui voulait du bien à Forbin Janson intervint plus tard en cour de Rome et le fit nommer cardinal.

Forbin-Janson y a trouvé un envoyé français installé depuis peu de temps, M. Akakia, qui a la réputation d'un travailleur émérite. Ce dernier, en effet, à peine en pied dans ses fonctions, a mis la main sur tous les papiers et sur toutes les correspondances. Il est toujours pressé, affairé, enfiévré ; il court dans toutes les chancelleries, bourdonne dans tous les coins, griffonne nuit et jour, et passe pour tout faire en Pologne. Ce bouillant envoyé de France, ce *Bur d'ofa*, a si bien bourdonné et si bien griffonné qu'à Paris même il y a des gens qui croient à ses extraordinaires mérites. M. le curé de Saint-Roch en a cette opinion et la répand. L'ambassadeur Forbin-Janson, qui a toujours barrette en tête, est ravi d'avoir des loisirs, grâce à M. Akakia, et celui-ci, naturellement, s'accommode on ne peut mieux des bonnes dispositions de l'évêque diplomate. Il faut entendre là-dessus Antoine Baluze (1) :

Lou curé de Saint-Roch est fodar de creyre que M. Akakia ageo tant fach eyssi. Ses y orribat que las causas ero coumo fachas, et nous y a fach be ny mal ; travailho prou ouro, et iau i en quitte mo part ; escri nech et jour, et bien inutilomen, sous m'es ovis, mas o troubat oqueste Viulet de son humour, qu'es de fa d'un pe de mouscho un plein peyrol de sivé ; vol ocouta ou chobessal rouge, et se turmento may per oco que per tout autro causo ; vos fa veyre qu'aqueste Jean pot bien servi lou vostre et li fa beyla de l'ocro, mas

____

(1) Voir dans le *Bulletin de la Société historique de la Corrèze*, siège à Brive, tome VI, 4ᵉ livraison, *Lettres inédites d'Antoine Baluze* avec traduction et notes, par J.-B. Champeval, avocat à Figeac. Elles ont été reproduites dans le *Bulletin de la Société de Tulle*, année 1887, pages 237 et suivantes.

oco nou y foro ri ; es nouoillous et combinaussagean, e se
troubaro que Toni auro miel dich vray que lou Viulet ; lou
chal leyssa fa ; so que m'en desplay, es que taut que sero
eyssi nou y auro re o fa per Toni, que vaudrio plo que li
ougmentesso lo pitanso, et nou po gayre ou esppera que nou
sey sio soul, et oco lou chagrino et lou lasso ; chal pertan
ove potienso et tiola douch. (1).

Ce qui est évident, c'est que la Cour de
Sobieski était dans la panne et que les envoyés
de France ne l'en tiraient pas. Antoine
pâtissait beaucoup de cette misère. L'évêque
ambassadeur, pour décrocher le chapeau de
cardinal et gagner l'appui de Sobieski, avait
bien imaginé de faire miroiter aux yeux de
cette Cour grêlée les pistoles de France, ce qui
tout d'abord réussit à merveille, mais l'illusion
ne tarda pas à s'évanouir ; les belles promesses
s'étaient perdues en route, les pistoles n'arri-
vaient pas. Il fallut que l'ambassadeur quittât

---

(1) Le curé de Saint-Roch est fou de croire que M. Akakia
ait tant fait ici ; il est arrivé ici, alors que les choses étaient
comme faites, et il n'y a fait ni bien ni mal ; il travaille
assez tout à l'heure et je lui en cède ma part ; il écrit nuit
et jour, et bien inutilement, à mon avis, mais il a trouvé ce
Violet de son humeur, qui est de faire d'un pied de mouche
un plein chaudron de civet ; il veut mettre le grappin sur
le *tortillon* rouge, et se tourmente pour cela plus que pour
toute autre cause. Il veut faire voir que le Jean d'ici (*) peut
bien servir le vôtre (**) et lui faire donner de l'or, mais cela n'y
fera rien ; il est arrangeur de nœuds et de combinaisons ; et
l'on verra qu'Antoine aura mieux dit vrai que le *Violet*. Il
le faut laisser aller. Ce qui me déplaît là-dedans, c'est que,
tant qu'il sera ici, il n'y aura rien à faire pour Antoine,
qui voudrait bien qu'on lui augmentât sa pitance. et ne peut
guère l'espérer avant d'être seul ici, et cela le chagrine et
l'ennuie. Il faut pourtant avoir patience et faire tout doux
sa toile.

(*) Le roi de Pologne.
(**) Le roi de France.

la partie pour l'avoir compromise. Antoine avait vu clair dans son jeu et ne fut pas surpris par son départ inopiné. C'est dans ces circonstances, que sa famille de Tulle songeait à lui faire prendre deux neveux avec lui. Le moment était mal choisi. Antoine Baluze s'en explique très nettement :

Souy bien ayse dous lauvis que donnou el nebout filiol. Diou li fasso lo gracio de continua de bien en miel, et quand y auro let de lou sirvi, ou forai de bon cor, mas de n'ove dous per un cot eypres de me, oco nau se pot pas ; nou pouyriou pas, beleu, s'ovini, et me foriou desespera ; se ne pode condure un, foray vini l'autre, mas non pas pu lou ; o may chal que mous offas anou miel que nou fau. Aquesto Cour es grelado ; Jean et lo Morio volon fa lours (mas ?) et nou dounou re, et Toni nous po pas y prene reych, ny ne fa prene o dugas dous seu, per so que jan de Paris ou trouborio mauvat, o may nou y o re o fa, re per re. (1).

Forbin-Janson, qui était battu, avait repris le chemin de la France, laissant les affaires aux mains de Bethune. La mission du nouvel ambassadeur n'eut pas les suites favorables qu'on espérait. Les circonstances tournaient contre la politique de Versailles, tendaient à

---

(1) Je suis bien aise des louanges qu'on donne au neveu-filleul. Dieu lui fâsse la grâce de continuer de bien en mieux ; et quand il y aura lieu de le servir, je m'y emploierai de bon cœur ; mais d'en avoir deux à la fois, cela ne se peut. Ils ne s'accorderaient peut-être pas, et me feraient désespérer. Si je puis en former un, je ferai venir l'autre, mais pas plus tôt ; encore faut-il que mes affaires aillent mieux qu'elles ne vont. Cette Cour est grêlée. Jean et la Marie (*) veulent faire leurs mains (leurs affaires), et ne nous donnent rien, et Antoine ne peut y rien prendre, ni en faire prendre à aucun des siens, parceque Jean de Paris (**) le trouverait mauvais ; même il n'y a rien à faire, rien de rien.

(*) Jean Sobieski et Marie d'Arquien.
(**) Le roi de France.

opérer un rapprochement entre la Pologne et l'Autriche. Le roi Louis prit ses mesures pour empêcher l'alliance dont il était menacé. Il ne crut pouvoir mieux faire que d'envoyer de nouveau à Varsovie l'évêque Forbin-Janson, désireux de prendre sa revanche, et le marquis de Vitry, comme ambassadeurs extraordinaires, afin d'enrayer l'alliance Autrichienne et de rétablir la France dans le crédit dont elle avait joui à la Cour de Pologne.

Ces diplomates n'y réussirent pas, et ce qui prouve le désarroi des esprits à ce moment, c'est que Béthune, l'ambassadeur malheureux, fut chargé de guérir le mal qu'il n'avait pu prévenir.

Antoine Baluze remplissait, auprès des ambassadeurs qui se succédaient, les fonctions de résident. En leur absence, pendant les interims qui se prolongeaient, il administrait les affaires, recevait directement les instructions des ministres, correspondait avec eux. Sa position sédentaire lui permettait de rendre de réels services. Outre qu'il connaissait mieux la langue, les mœurs, les intrigues et les passions du pays où il était fixé, il apportait dans la gestion des intérêts qui lui étaient confiés un esprit de suite et une entente, que des ambassadeurs de passage, quelquefois rappelés avant qu'ils ne fussent arrivés à leur poste, ne pouvaient avoir. Ces résidents formaient en réalité le pivot le plus solide de notre politique à l'étranger. C'étaient, sinon les véritables représentants de la France, du moins des serviteurs dévoués à leur pays, toujours présents, et des mieux informés. Ils demeuraient en relation constante avec les hommes politiques, les grands du royaume. Leurs correspondances remplissaient les cartons des Affaires étrangères. Baluze s'acquitta de ces fonctions avec habileté. L'ambassadeur Bonzy, en quittant Varsovie, lui laissa la conduite des négociations jusqu'à l'arrivée de son successeur.

Cependant les affaires de Pologne ne s'arrangeaient pas, allaient de mal en pis. La République était remplie d'agitations factieuses et d'intrigues sans cesse renaissantes. Les prétendants continuaient à se disputer le trône de Pologne, au milieu du plus affreux cahos. Antoine Baluze s'employa, de son mieux, dans ces difficiles conjonctures. Sa conduite fut appréciée à la Cour de France et lui valut les témoignages d'estime les plus flatteurs, sans compter les brevets de pension, de la part des grands personnages et des ministres de l'époque, du marquis de Louvois, de M. de Pompadour, de M. de Colbert, du marquis de Croissy.

La Cour de Pologne n'avait cessé de lui donner des marques de faveur jusque vers le mois de mars 1680, époque à laquelle S. M. P., sur on ne sait quelles délations demeurées obscures, fit saisir ses lettres à la poste, et prit prétexte de quelques passages « qui avaient été à dessein envenimés » (1) pour inviter Antoine

---

(1) *Journal de Casimir de Baluze*, dont il est plus bas fait mention.

à se retirer de Varsovie jusqu'à l'arrivée des ordres du roi de France.

Antoine y revint pourtant, après une absence de trois mois, en juillet, sans être inquiété, mais son séjour à Varsovie fut de courte durée. Le chagrin de son exil, son âge avancé, un mal incurable dont il souffrait le décidèrent à rentrer dans son pays. Jean-Casimir, son fils, qui avait conservé tout son crédit à la Cour polonaise, l'accompagna dans ce pénible voyage.

Le passeport dont Antoine fut muni, et qui lui avait été délivré par MM. de Forbin, évêque comte de Beauvais, et de l'Hospital, marquis de Vitry, ambassadeurs extraordinaires de France, contient cette mention à son éloge « que c'était une personne dont le mérite et les services étaient dans une particulière recommandation auprès de S. M. (1). »

Il ne fait au surplus que confirmer les nombreuses attestations de considération et d'estime qui lui furent, à différentes époques, données par les hautes autorités polonaises. Elles se retrouvent dans les passeports délivrés à l'occasion des voyages qu'il fit en France, pendant son séjour en Pologne. L'un d'eux (2), du 20 janvier 1654, et qui est signé du roi Casimir, fut envoyé à Baluze à Tulle, pour lui faciliter son retour à Varsovie. Antoine y est ainsi mentionné : « *Generosus Antonius Baluze,*

---

(1) *Annuaire de la Corrèze* de l'année 1838 : *Essai historique,* par M. de Baluze du Maine.

(2) *Précis généalogique* par Mᵉ Pierre-Clément de Baluze, écuyer, procureur du roi en l'Élection de Tulle.

nobilis lemovicensis, et serenissimæ reginæ consortis nostræ actuali additus obsequio. » Dans celui de Charles-Gustave, roi de Suède, du 24 décembre 1655, il est qualifié *noble et illustre Antoine de Baluze.* On voit dans l'extrait de baptême de Jean-Casimir son fils, que ce dernier eut pour parrain le roi Jean-Casimir en personne et pour marraine l'épouse du grand maréchal de Lithuanie.

Le gentihomme ordinaire de la chambre de Marie-Louise, le diplomate de Jean-Casimir, le résident à Varsovie pour la Cour de Versailles, avait rempli sa destinée et touchait à la fin de sa carrière. Il ne survécut que de quelques mois à son retour en France. Ses infirmités s'étaient aggravées, ne lui laissaient plus un moment de repos. Il mourut à Paris le 12 septembre 1681, et fut enseveli, avec beaucoup d'honneur, dans l'église de Saint-Sulpice.

Son fils, qui l'assistait à ses derniers moments, dit dans une relation qu'il a faite de son voyage : « Si je n'étais pas son fils, j'en dirais des choses capables d'édifier bien du monde. Dieu lui donne son paradis ! (1) »

-----

(1) *Journal de Casimir de Baluze,* pièce des plus intéressantes, faisant partie des archives privées de M. Champeval, et que nous avons publiée, avec sa gracieuse autorisation, dans le *Bulletin de la Société des Lettres, Sciences et Arts de la Corrèze,* année 1887, pages 334 et suivantes.

II

JEAN-CASIMIR BALUZE

Nous venons de voir quel chemin avait fait Antoine, et de quel crédit il jouissait en Pologne. Il fut le premier des Baluze qui monta si haut. Un sieur de Maruc, de Tulle, argentier de la Reine-mère, avait été, dit-on, un des auteurs de sa fortune. Il l'avait appelé auprès de lui, au sortir du collège Saint-Martial, de Toulouse, et introduit à la Cour de France. Tel fut le commencement de ses belles destinées et de celles qui par la suite échurent à d'autres membres de sa famille.

Jean-Casimir, fils d'Antoine, profita largement des avantages de sa naissance, trouva toutes portes ouvertes et poursuivit, avec non moins de succès, la carrière diplomatique où s'était engagé son père.

Dès le berceau, tout lui sourit et lui réussit. Nous savons qu'il est né à Varsovie le 4 août 1648 et qu'il fut tenu sur les fonts du baptême par le roi Jean-Casimir et l'épouse du grand maréchal de Lithuanie. Son extrait baptistaire est en date du 7 mars 1649 ; il porte cette mention que ce fut « l'aumônier du roi qui baptisa Jean-Casimir, fils du noble seigneur Antoine de Baluze, préfet de la maison de la sérénissime Marie-Louise, reine de Pologne, et qu'il eut pour parrain le sérénissime Jean-Casimir, roi de Pologne et de Succie, grand duc de Lithuanie et de Prusse, pour marraine la très illustre et magnifique dame Christine Tyszwiecoiezowei, épouse du très illustre et magnifique seigneur Antoine Tyszwicoiez, maréchal de Lithuanie. » Louis XIV accorda à Antoine des lettres de naturalité pour son fils.

Ce dernier, élevé comme un fils de première noblesse, honoré de la protection royale, ne pouvait tarder à s'ouvrir un chemin dans les hautes régions où le sort l'avait placé. A peine eut-il l'âge, où l'on avait coutume d'employer les enfants à la Cour, qu'il fut mis par le roi au nombre de ses pages.

Son éducation distinguée, une sagacité précoce, son zèle pour l'étude, les connaissances dont il était déjà orné, la réserve et le tact dont il donnait des preuves en toutes circonstances, le sortirent bientôt du rang de ses camarades et lui attirèrent la confiance des plus qualifiés personnages.

Antoine, qui avait eu l'idée, un instant, de ramener son fils en France et d'utiliser ses talents dans sa propre patrie, se prit à considérer qu'ils produiraient de meilleurs fruits en Pologne, où Jean-Casimir était né, s'était élevé, avait gagné des amitiés puissantes, et qu'ils pourraient y servir plus avantageusement la France. Il renonça à son projet. La suite prouva la justesse de ses calculs.

Jean-Casimir Baluze était encore un simple page que déjà, dans de graves occasions, des personnages considérables avaient eu recours à ses bons offices et l'avaient pris pour intermédiaire auprès du roi. Son parent l'historien raconte que Clément Bonzy, évêque de Béziers, qui avait été envoyé en qualité d'ambassadeur extraordinaire auprès du roi Casimir, l'employa à plusieurs reprises dans les négociations dont il était chargé.

Les marques particulières d'estime dont il fut l'objet, dès ses débuts, de la part d'hommes éminents, la distinction avec laquelle il s'était tiré d'affaire dans les missions où il avait été occupé, l'établirent très avant dans l'esprit du roi de Pologne. A quelque temps de là, par une faveur insigne de Jean-Casimir, il était appelé à prendre place parmi les gentilshommes de la Cour.

Baluze justifia pleinement les espérances qu'il avait fait concevoir, et ne cessa, pendant la durée du règne de son illustre protecteur, de se rendre digne de sa bienveillance.

Ce règne, malheureusement pour l'heureux débutant, prit fin plus tôt qu'on ne pensait. Casimir n'avait que vingt ans, lors de l'abdication du roi. Ce fut un moment de trouble dans sa carrière. Les incertitudes de sa position auprès du monarque futur, les agitations du royaume, les brigues et les factions aux prises dans un milieu ruiné par la guerre, l'instabilité du gouvernement, des fonctions et des affaires dans ces crises incessantes, se présentèrent, en un vif tableau, à l'esprit d'Antoine Baluze et de son fils. On songea sérieusement, plus que jamais, à rentrer en France.

Cependant la Diète était réunie pour choisir un successeur à Jean-Casimir. Plusieurs compétiteurs s'en disputaient les suffrages, entre autres le duc de Neubourg, le prince Charles de Lorraine, et Michel Koribut. La Cour de France s'était ralliée, faute de mieux, au duc de Neubourg. La maison d'Autriche soutenait Charles de Lorraine et avait promis à ce prince, s'il était proclamé roi, la main d'Éléonore, sœur de l'empereur. Ce fut, comme nous l'avons vu, Michel Koribut qui triompha.

Dès que le nouveau souverain eut connaissance des projets de départ d'Antoine et de Casimir, il s'appliqua très gracieusement à les en détourner, leur fit part de l'intention où il était d'attacher plus étroitement à sa cour Jean Casimir et de prendre en main sa fortune. Une démarche venue de si haut eut raison aisément de leurs hésitations.

Michel Koribut ne fit pas attendre ses promesses et admit presque aussitôt Jean-Casimir au nombre des gentilshommes de sa chambre. L'occasion de lui donner une marque plus grande d'intérêt se présenta bientôt ; il ne négligea point de la saisir.

Il était dit que l'ambitieuse sœur de l'empereur Léopold, la fiancée de Charles de Lorraine, monterait d'une façon ou de l'autre, sur le trône de Pologne. La fortune avait trahi le prince, auquel sa main avait été promise sous condition. Eléonore fit comme la fortune et passa du côté du vainqueur. Michel Koribut apportait peu d'honneur à la maison d'Autriche, mais il faisait de celle qui serait sa femme la reine de Pologne. Eléonore accepta le lit pour avoir la couronne. Aussitôt après le mariage, Jean-Casimir fut attaché à la personne de la nouvelle reine.

Louis XIV approuva la conduite des Baluze et se montra satisfait de la distinction dont Jean-Casimir venait d'être honoré. Il fit écrire, à ce sujet, une lettre flatteuse à Antoine Baluze par M. de Lionne.

Les affaires de Pologne furent loin de se relever, comme on pouvait s'y attendre, sous le règne de Koribut. Ce faible monarque pliait sous le fardeau, était une honte pour le pays qui l'avait élu. Les revers se succédaient d'une façon désespérante. Les guerres avec les Turcs avaient mis le royaume à toute extrémité. La France se préoccupait vivement de cette situation. Aux prises elle-même avec de grosses difficultés, elle n'en suivait pas moins, d'un œil attentif, les vicissitudes politiques des puissances du Nord.

Jean-Casimir Baluze déploya dans ces conjonctures, et dans l'intérêt des deux cours amies, un esprit de sagesse au-dessus de son âge. Sa bonne renommée s'en accrut beaucoup. Divers évènements, dit Etienne Baluze, qui se produisirent dans le cours du règne de Koribut, se firent sentir dans la fortune de Casimir et eurent de l'influence sur sa destinée, à tel point que ceux qui étaient chargés de veiller aux intérêts du royaume de France, se servirent souvent de l'habileté et du zèle du jeune diplomate pour traiter d'importantes affaires.

C'en était fait de la Pologne, si le règne de Koribut se fût prolongé. Il prit fin, en 1673, par la mort du roi, après quatre ans de durée.

Qu'allait devenir le trône vacant, et quel serait le sort de l'élection prochaine ? La France ne pouvait se désintéresser dans les compétitions qui allaient surgir. La lice était de nouveau ouverte aux factions. Eléonore, redevenue libre par son mariage, s'était empressée d'épouser Charles de Lorraine et d'apporter ainsi, dans le jeu de ce prince, des chances plus grandes de succès auprès de la Diète nationale.

La France qui désirait à ce moment l'élection du duc de Longueville et l'avait habilement préparée, qui avait trouvé en Jean-Casimir Baluze,

pour servir ses desseins, un utile auxiliaire, vit
son projet échouer par la mort du célèbre neveu
de Condé. Tous les efforts de la France se con-
centrèrent alors sur Jean Sobieski, qui l'emporta.

Le gentilhomme Jean Casimir avait acquis,
à travers ces péripéties compliquées, dans l'art
des négociations, une expérience remarquable.
Il était auprès du roi Jean en grande considération. Il ne lui avait marchandé son dévouement
dans aucune circonstance. Le marquis de
Béthune se l'était attaché comme secrétaire.
Les missions les plus ardues lui étaient confiées,
et combien difficiles à remplir ! Les Rois et les
Empereurs du Nord n'étaient jamais dans leurs
Cours. Ils chevauchaient sur les routes, dans
leurs diverses provinces, si agitées, tour à
tour prises et reprises. Il fallait les suivre
en toutes saisons, se rendre où ils étaient, faire
des centaines de lieues à cheval, par les hivers
du Nord, si rudes, si longs, commençant en
octobre. Les ambassadeurs, dans ces pays bar-
bares, menaient une vie de soldat, couchaient
sous la tente, traitaient des affaires dans une
tranchée ou au bivouac.

Jean-Casimir unissait à beaucoup de talent
beaucoup de courage. D'aussi belles qualités
n'étaient pas pour déplaire au chevaleresque
Sobieski. La confiance qu'il inspirait à
Louis XIV n'était pas moins entière. Il était
en relations suivies avec le roi de France et ses
ministres, au sujet des affaires de la Pologne,

les informant de tout ce qui pouvait intéresser la politique du roi et de ses conseillers. Dans plusieurs occasions d'importance, il se fit approuver par la justesse et la pénétration de ses vues. Jean-Baptiste Colbert, de Torcy, de Croissy, le tenaient en haute estime.

Les factions et les guerres qui s'acharnaient à la perte de la Pologne, trouvaient dans l'instabilité du trône un aliment inépuisable. Les rois se succédaient au pouvoir avec des vues souvent contraires, qui remettaient tout en question. Les Diètes, pleines de brigues et de tumultes, jetaient dans la mélée leurs brandons de discorde.

Vers la fin du règne de Sobieski, les affaires de la France semblaient cependant prendre une tournure favorable ; l'inconstante Pologne faisait effort pour se détacher de l'Autriche. Il fallait utiliser, sans perdre de temps, de pareilles dispositions. Justement la Pologne venait de subir échecs sur échecs, du côté de la Turquie. Elle désirait la paix. Les circonstances devenaient pressantes. Le moment parut propice à la Cour de Versailles pour se rapprocher de la République, en lui faisant espérer les bons offices de la Porte. Robert le Roux d'Esneval fut chargé, comme ambassadeur, de négocier dans ce sens. Il avait du talent, de l'expérience ; il avait exercé les fonctions d'ambassadeur à Lisbonne. Son arrivée en Pologne donna un meilleur cours aux événements ; et un rapprochement se fit. Il ne put, malheureusement, mener à fin sa mission. Il mourut à Grodno, et son successeur fut l'abbé de Polignac.

La mort de Sobieski (1696) avait rendu le champ libre aux cabales. Les projets de candidature française reviennent sur l'eau. Celle de Conti rallie de nombreux partisans. L'abbé de Polignac, personnage expérimenté et très délié, est chargé par le roi de soutenir les intérêts de la France. Ses débuts sont de bon augure. Il rattache à ses vues les grands de Pologne, qui avaient soutenu la politique française dans les précédentes compétitions. Le succès lui paraît assuré. Il va de l'avant, prend sur lui de répondre aux offres exorbitantes de ses concurrents par des offres plus grandes encore, mais qui n'étaient pas en rapport avec les instructions dont il était muni. On en fait des rapports au roi, qui exprime son mécontentement et charge M. de Forval d'aller en Pologne pour se rendre compte sur place de la situation. Il est de fait que les engagements contractés par l'abbé de Polignac et le prince de Conti n'étaient pas tenables. Ils n'en avaient pas moins produit leur effet. Tout un grand parti appuyait Conti. Les Diètes assemblées le proclament roi de Pologne.

Son compétiteur, l'Electeur de Saxe, ne tient pas compte de l'élection, use d'audace, devance Conti à Varsovie, s'y fait élire et proclamer roi, comme si la couronne était vacante. Le prince qui, dans ces circonstances, arrivait à Dantzig sur la flotte de Du Guesclin, trouvant la place prise, ne débarqua même pas, rebroussa chemin. Le mieux pour la France, dans cette passe, était de faire contre mauvaise fortune bon cœur. Le roi Louis entra en pourparler avec l'Electeur de Saxe, Auguste II. Un traité d'alliance était sur le point d'être signé, lorsque la France, avisée des démarches qu'Auguste faisait en secret auprès de l'Empereur, rompit brusquement les négociations. La France était trompée, et le pacte d'alliance avec l'Autriche consommé. Il devenait urgent de chercher un appui ailleurs. La Cour de France traita avec Charles XII, roi de Suède. Elle était alors représentée en Pologne par du Héron, qui avait remplacé Polignac, dont les menées et l'insuccès avaient mécontenté le Roi. Du Héron n'avait pas été plus heureux. Il n'avait pu empêcher le pacte qui venait d'être conclu. Sa position à la Cour de Varsovie était mauvaise. Le parti polonais qui soutenait la France, irrité par les échecs qu'il avait subis, se montrait remuant. Le roi de Pologne en prit ombrage, et pour couper court à une situation qu'il jugeait dangereuse, se décida à faire arrêter du Héron par un détachement de 5o dragons, comme ce dernier revenait de souper de chez le maréchal de la Cour, et le fit enfermer dans une forteresse. Louis XIV, usant de représailles, ordonna de garder à vue tous les Polonais qui étaient dans son royaume. Un mois après, l'arrêt était levé des deux parts. Il n'y avait qu'un parti à prendre : laisser Auguste à son propre sort. Charles XII, ayant le champ libre, envahit la Pologne. Un nouveau roi fut pro-

clamé : Ladislas. La France se hâta de le
reconnaître. Elle ne se lassait pas d'espérer,
même contre l'espérance, malgré tous les revers
et toutes les déceptions. C'était toujours à
recommencer.

« Les agents se jetaient à corps perdu dans la
foire bachique des luttes électorales, tantôt pour
faire élire un frère, un cousin, un beau-père
du roi de France, tantôt un Piast contre un
Electeur de Saxe, ou un Électeur de Saxe contre
un Piast. Nous versions dans ce tonneau de
Danaïdes subsides, pensions, cadeaux. La
Pologne absorbait tout, mais ne rendait presque rien. Pas une fois, on ne réussit à lancer
sur l'Autriche sa pospelite indisciplinée, mais
impétueuse, ses cavaliers dont les casques
avaient des ailes, ces vantards, ces fanfarons,
mais qui étaient si braves ! Un jour seulement,
les escadrons polonais firent un coup d'éclat, la
charge de Sobieski au Khalenberg, mais ce fut
contre nos alliés les Turcs qu'ils chargèrent,
pour délivrer Vienne, et gagner des titres à la
reconnaissance de l'Autriche. A la fin, le roi de
France ne demanda plus rien à la Pologne que
de ne point se laisser démembrer, de ne pas
mourir, et cette ambition était encore trop
forte (1). »

Les alliés de la France contre la maison
d'Autriche perdaient de jour en jour du terrain,

____

(1) *France et Russie*, par Ernest Lavisse ; *Journal des
Débats* du 11 septembre 1890.

s'affaiblissaient dans des luttes sans issue. Des dissentiments, que les circonstances exaspé-raient, divisaient les Cours de Versailles et de Varsovie. Il s'agissait de ne plus s'attarder dans des intrigues sans espoir et dans des espérances chimériques. Un facteur nouveau, trop long-temps négligé, la Russie entrait en scène d'une façon éclatante. Louis XIV, dans cette crise, se décida à se mettre en rapport avec le Czar. C'est à ce moment que Casimir Baluze fut appelé à jouer un rôle saillant. Son esprit et sa perspicacité se firent jour, de la façon la plus heureuse, dans les négociations qu'il fut chargé de suivre, par ordre du Roi, auprès du Czar de Moscovie.

Mais, entre temps, avaient eu lieu deux voyages de Casimir Baluze en France. Le dernier s'accomplit dans des circonstances pénibles. Antoine, son père, était tombé gravement mala-de : l'état de sa santé commandait des soins immédiats et peut-être une opération à bref délai. Le voyage de Paris fut décidé. Antoine prit le chemin de la France avec Jean-Casimir, le 29 mars 1681, et arriva, le 21 mai suivant, à Paris où ils prirent logement dans la rue des Blancs-Manteaux, proche du couvent des reli-gieuses hospitalières de Saint-Anastase, dans le voisinage de M. Bienayse, célèbre chirurgien, entre les mains duquel Antoine se mit pour être traité de la maladie dont il était atteint. Le mal était incurable. Antoine de Baluze y succomba le 12 septembre 1681, à dix heures du matin, et fut enterré le lendemain, comme nous l'avons dit dans la notice qui le concerne, à Saint-Sulpice, dans l'église, à côté du chœur.

Jean-Casimir a laissé de ses voyages et de divers évènements qui les précédèrent ou les suivirent, un journal intéressant, comprenant une période de seize années (du 1er avril 1679 au 17 août 1695), où se trouvent consignés les incidents de la route, les circonstances relatives à la maladie d'Antoine, à son séjour à Paris, différents faits se rapportant soit à l'histoire générale, soit à celle de quelques personnages du temps (1).

La première négociation de Jean-Casimir auprès du Czar se place en l'année 1702. Pour se conformer aux ordres venus de France, il dut quitter secrètement Varsovie le 8 décembre. Son voyage fut traversé d'incidents divers qui en retardèrent la marche. Il y courut beaucoup de dangers. Il ne parvint à rejoindre l'Empereur que le 24 mars 1703. L'accueil qui lui fut fait était digne du représentant d'une grande nation. Il fut comblé d'honneurs par le Czar, qui se montra fort sensible à la démarche de l'envoyé français et d'autant plus satisfait que, pour la première fois depuis quatre-vingts ans, les Russes voyaient chez eux un ambassadeur de notre pays.

---

(1) Pièce des Archives de M. Champeval. — Voir le *Bulletin de la Société des Lettres, Sciences et Arts de la Corrèze*, année 1887, pages 334 et 335.

L'historien Baluze fait mention du congé
d'ambassade qui fut expédié à Jean-Casimir le
29 février 1704. Ce congé, revêtu du sceau du
Czar, est écrit en langue russe avec la traduction
latine attachée sous le même sceau.

Jean-Casimir rentra à Varsovie, au mois d'août
1704, et comme, à ce moment, le roi Auguste
venait d'être battu par les troupes russes qui
s'étaient retournées contre lui, et d'être déposé
par la Diète, il arriva juste à temps pour assister
au couronnement du roi Stanislas Leczinski.

Il reçut plus tard une autre mission du roi de
France auprès du Czar de Moscovie. Elle éprouva
de dures difficultés. Le Czar était mécontent
de l'accueil que ses ambassadeurs avaient reçu
à Paris et du peu d'empressement que la France
avait mis à reconnaître sa puissance.

Dans ces conditions « M. Baluze partit pour
Moscou. Il avait mission de proposer au Tzar,
avec la médiation de Louis XIV pour la paix
avec la Suède, le grand rôle d'arbitre entre la
France et ses ennemis, et de lui demander en
même temps de nous secourir en attaquant
l'Autriche. Mais le Tzar reçut froidement l'ambassadeur extraordinaire. Il ne l'envoya point
quérir en carrosse ; il lui refusa l'occasion d'un
entretien particulier, quand il lui donna audience
« dans son jardin, où il travaillait lui-même à
la construction d'une barque, faisant manœu-
vrer le rabot aux dames de sa Cour.(1) » Un autre

---

(1) *France et Russie,* par Ernest Lavisse.

jour, il lui donna à entendre qu'il voulait bien « que la France le reconciliât avec la Turquie, mais qu'il n'était pas si pressé de traiter avec la Suède. »

Vers la fin de l'année 1710, Baluze eut une nouvelle mission à remplir en Russie. Des circonstances imprévues s'opposèrent à son accomplissement. Tout était prêt pour le voyage, lorsque des lettres du comte Gallitzin, premier ministre de l'Empereur, lui signifièrent d'attendre Sa Majesté en Pologne, où elle se proposait de se rendre.

Jean-Casimir resta à Varsovie jusqu'au mois d'avril 1711 et fut mandé à cette époque auprès du Czar, à Jaroslavie, en Russie, avant la guerre qui fut déclarée au Turcs.

De graves évènements entravèrent encore ses démarches. Le Czar venait d'apprendre que les Turcs levaient des armées en toute hâte ; il ne perdit pas de temps et se porta précipitamment sur la frontière de Pologne, avec une armée de quatre-vingt mille hommes ; mais ses troupes avançaient dans un pays ruiné. Ce qui y restait de vivres passait à ses ennemis. Son armée, réduite des deux tiers, se débandait de toutes parts. Quinze mille Tartares le harcelaient sans relâche. — « Me voilà, dit-il, aussi mal que mon frère Charles à Pultawa. » — Il y avait alors dans son camp une femme extraordinaire, une ancienne servante de Marienbourg, veuve d'un dragon suédois, qu'il avait épousée secrètement : la future grande Catherine. Elle tint conseil avec les officiers généraux et l'on convint d'engager le souverain à demander la paix aux Turcs. Le traité fut signé le 1er août 1711.

Pendant la durée de la guerre, Jean-Casimir Baluze s'était retiré à Léopol, capitale du palatinat de Russie. C'est de cette ville qu'il partit, une fois les hostilités terminées, pour rejoindre le Czar à Jaroslavie.

Après l'accomplissement de sa mission, il fut renvoyé par l'Empereur avec les plus grands honneurs et des marques signalées de sa bienveillance. Il rentra à Varsovie en l'année 1713, au mois de mars.

Stanislas n'était déjà plus sur le trône. Le désastre de Pultawa avait ruiné à jamais sa fortune politique. C'était son heureux rival, Auguste II, qui réoccupait le trône de Pologne. Jean-Casimir resta à la Cour de ce prince et continua d'y servir les intérêts de la France, tant que ses forces le lui permirent. Les ambassadeurs Bonzy, Forbin-Janson, Béthune, n'avaient eu qu'à se louer de ses bons offices. Il était resté chargé de la correspondance jusqu'à l'arrivée de d'Enneval. Polignac et du Héron lui avaient continué la confiance que leurs prédécesseurs avaient placée en lui. Il demeura, jusqu'au dernier moment, le fidèle et dévoué serviteur de la France. Sa fin était proche. Il mourut à Varsovie, le 26 avril 1718. Les choses, à ce moment, avaient bien changé de face. Le Czar rentrait dans ses états, de retour d'un voyage qu'il venait de faire à Paris, après avoir donné à la France, dit Voltaire, le rare spectacle d'un Empereur voyageant pour s'instruire ; et, à quelque temps de là, le roi Charles XII, dans sa funeste entreprise sur la Norwège, qu'il avait résolu de conquérir, tombait pour ne plus se relever sous le coup d'une balle, dans une tranchée de la place forte de Frédrickall.

Jean-Casimir Baluze avait succombé sur le seuil d'un monde nouveau.

Son extrait mortuaire le qualifie en ces termes : *Magnificus dominus Joannes-Casimirus de Baluze, anteà serenissimi regis Galliæ ad serenissimum czarem Moscowiæ ablegatus extraordinarius et postmodùm suæ christianissimæ Majestatis in Polonià residens.*

Il laissa un testament daté du 29 juin 1708, par lequel, après avoir fait divers legs, il instituait pour héritier universel Antoine Fage, son parent, ancien garde du corps, filleul d'Antoine Baluze son père. (1).

---

(1) Catherine Baluze avait épousé Jean Fage, bourgeois de la ville de Tulle. Cinq enfants étaient provenus de ce mariage. Ce fut Antoine, le filleul de Baluze, garde du corps, homme instruit et discret, recommandable par de belles qualités, l'héritier de Jean-Casimir, qui suivit pendant quelques années la carrière diplomatique, mérita la confiance du célèbre ambassadeur comte l'Avaux, et le suivit en Suède, en 1692. « Cela a été fait, dit Étienne Baluze, sans aucune sollicitation de sa part, qui n'y pensait pas, et avec des agréments qui doivent le contenter et ses amis. M. d'Avaux le prend comme homme de confiance ; il n'y sera pas trompé. » — *Lettres inédites à Melon du Verdier,* publiées par René Fage.

III

ETIENNE BALUZE

Etienne part pour Varsovie en 1647. — Le roi de Pologne le nomme gouverneur de Dirchaw. — Il l'élève au rang des nobles polonais. — Mérites et services d'Etienne Baluze. — Dérangement de sa santé. — Retour a Tulle. — Son testament. — Sa fin.

Les membres de la famille Baluze qui avaient résidé en Pologne étaient communément désignés en Limousin, pour les distinguer de leurs parents de France, sous le nom de *Polonais*. L'un d'eux fut plus particulièrement connu sous cette dénomination ; il suffisait de dire le *Polonais* pour indiquer Etienne Baluze, oncle de Jean-Casimir, qui avait été fait chevalier dans une Assemblée de la Nation polonaise, et était revenu mourir dans son pays.

Etienne et son frère, Jean-Calmine, étaient nés à Tulle, et, après avoir fait leurs études en France, étaient allés aussi en Pologne pour y tenter la fortune. Ils y arrivèrent dans la force de l'âge et y gagnèrent l'un et l'autre beaucoup de considération.

Etienne ne paraissait pas tout d'abord se soucier de cueillir des lauriers diplomatiques. Il n'avait guère quitté le Limousin, semblait s'y être établi à demeure, sans arrière pensée de voyage. Qualifié dans les actes du temps *Seigneur du Guérinet*, il s'était marié avec Peyronne de Corbiers, des seigneurs de La Rochette, barons de Pandrigne, fille de Louis, seigneur de Corbiers, et de Suzanne de Saint-Marsault, des vicomtes du Verdier.

Les lettres qu'il recevait de Pologne et qui l'entretenaient de la haute fortune d'Antoine, des faveurs dont il était l'objet à la Cour du roi, sans doute aussi les sollicitations et les promesses qu'elles renfermaient à son endroit, s'il se décidait à quitter la terre natale, durent éveiller son ambition, surexciter son esprit et lui ouvrir les horizons séduisants des grandes existences en pays étranger.

Il nous semble le voir, cet enfant de Tulle, à ce moment décisif de sa vie, dans son castel du Guérinet qui dominait la ville (1), en un coin de la vaste cheminée de sa chambre, les pieds sur les landiers, tenant à la main une lettre d'Antoine et rêvant, et voyant son frère à la Cour, comblé d'estime et d'affection, et s'élançant lui aussi, par la pensée, dans les champs de la Pologne, à la Cour des Jagellons. Pourquoi ne réussirait-il pas à son tour, surtout sous le patronage de son illustre frère ? Il était jeune, hardi, capable, déjà connu à la Cour du roi Casimir par les rapports qu'avait faits de lui Antoine Baluze ! Le rêve prit corps et se réalisa. Etienne

____

(1) Il s'élevait sur l'emplacement actuel de la chapelle du grand Séminaire.

se rendit à Varsovie en 1647. Le roi Casimir l'accueillit avec distinction, le choisit pour
le premier gentilhomme de sa chambre et le
nomma quelque temps après, pour lui donner
une nouvelle preuve de l'intérêt qu'il lui portait, *Staroste* ou gouverneur de Dirchaw, place
forte du pays, et Grand Veneur du royaume.

Voilà, par un coup propice du sort, le petit
seigneur du Guérinet devenu un personnage,
passé à l'état de grand seigneur polonais, employé dans les plus hautes charges. Il remplit
des missions de confiance. Il occupe des postes
d'honneur. Il se pousse si heureusement et fait
si bien que le roi Jean-Casimir ne croit pouvoir
mieux s'acquitter envers son dévoué serviteur
qu'en lui accordant des lettres d'*Indigénat*, c'est-
à-dire en le faisant inscrire au rang des Nobles
polonais dans une Diète générale de la nation
tenue à ce effet à Varsovie le 25 août 1658. Cette
faveur était extraordinaire. On ne l'accordait
dans le royaume qu'aux étrangers de très haut
rang. Les plus superbes princes la briguaient
quelquefois en vain. Le gouverneur de Dirchaw
était arrivé au faîte de la fortune. Jean-Casimir
poussa l'attachement et la bienveillance à l'égard
d'Etienne jusqu'à lui permettre de porter les
armes de la maison des Jagellons. Le diplôme
qui lui fut délivré à cette occasion est curieux
par sa forme, par les attributs dont il est décoré,
par le sceau de la République enfermé dans une
boîte de vermeil, et qui est attaché au parche-
min avec un cordon tissu moitié en or, moitié

en argent, et surtout par ce qu'il contient d'honorable et d'élogieux. (1) Les qualités et les services d'Etienne y sont magnifiquement proclamés. Baluze est proposé en exemple, même aux hommes que leur caractère distingue parmi leurs concitoyens. — « Il est resté fidèlement attaché, porte l'Attestation souveraine, à Notre côté royal; il a été le compagnon inséparable de notre fortune. Tout ce qu'on peut donner d'affection et de dévouement à Notre Majesté, il l'a fait par ses soins et ses bons offices. Il a dépassé nos vœux ; il a prévenu nos désirs. Il était entré pour ainsi dire dans notre esprit. Il a dépensé tant d'efforts, il s'est multiplié en des travaux si divers, que la somme de ses actions dépasse non seulement la reconnaissance des simples particuliers mais encore celle des monarques. Il nous accompagnait dans nos voyages, il se mêlait à nos dangers, ayant coutume de rechercher les difficultés et de résister aux entraînements de la prospérité, selon les besoins et la commodité de notre personne. C'est pourquoi nous l'avons autrefois justement choisi pour gentilhomme de notre chambre , et l'avons fait le premier des autres, afin qu'il les stimulât avec le plus grand zèle pour notre service. Ses mérites et les services qu'il nous a rendus, étant parvenus à la connaissance des Ordres du royaume, Nous avons jugé équitable, avec l'assentiment unanime des Nobles dans les

____

(1) *Précis généalogique* par Mᵉ Pierre-Clément Baluze, imprimé à Clermont-Ferrand en 1786. — Pièce communiquée par M. René Fage.

derniers comices généraux, que noble Etienne Baluze fût admis à l'*Indigénat polonais* ».

La pièce ajoute qu'en conséquence de ce brevet il jouira, lui et ses descendants, du rang de Noble polonais et de tous les privilèges qui en dépendent. Pour lui témoigner plus particulièrement son estime, le roi Jean-Casimir ordonne que, par faveur spéciale, il participera à ses armes avec la couronne royale, et l'autorise par suite à ajouter aux armes de sa propre famille l'emblème avec la double couronne que, de tout temps, sa Maison a porté au milieu de l'écu, comme on peut le voir par les armoiries apposées au bas du diplôme ; voulant qu'il use de ces armes, lui et ses successeurs légitimes, en public comme en particulier, en toute occurrence, en tout lieu, en toute occasion, à son gré, suivant la coutume des autres Nobles.

Etienne ne put profiter longtemps de l'insigne fortune qui lui était advenue. Le dérangement de sa santé causé par de fréquents et rudes voyages, par les périls qu'il avait courus, par les terribles froids du nord, et aussi, s'il faut en croire quelques-uns, par un poison lent que des envieux lui auraient fait administrer, le mit dans la nécessité de résigner ses fonctions et de quitter la Pologne. Il revint à Tulle en 1660, et y traîna pendant quelques mois une vie languissante. La maladie dont il souffrait prit bientôt un caractère désespéré. Etienne mourut le 28 décembre 1661, en sa résidence du Guérinet, et fut enterré en l'église de Saint-Julien, dans le tombeau de ses aïeux. Il ne laissait pas de postérité. Le roi de Pologne jugea bon et juste d'instituer comme héritier de ses vertus et de ses dignités, son frère Antoine Baluze, auquel il devait beaucoup de reconnaissance à cause de ses inoubliables services, et notamment « pour lui avoir donné le plus cher gage de sa maison, son fils unique Jean-Casimir, élevé à la Cour, et tenu par Lui de son propre gré, sur les fonts baptismaux ».

Les belles qualités d'Etienne ne pouvaient être consacrées avec plus d'autorité et plus d'éclat. Il y avait treize ans que ce petit gentilhomme de Tulle, si effacé alors et si modeste, avait quitté son tranquille castel. A peine transplanté à l'étranger, il y avait poussé tout-à-coup comme une plante superbe, mérité les louanges qu'on a vues et recueilli les succès, qui sont la récompense des âmes hautes et magnifiques. Il ne sortit point de la Pologne comme un ingrat. Ses libéralités attestèrent sa gratitude. Il voulut que toutes les places qu'il avait occupées en reçussent le témoignage. Ses actes de munificence n'étaient pas en rapport avec sa fortune. Ils furent, dit l'auteur du *Précis* que nous avons cité, infiniment honorables pour sa mémoire, mais jetèrent sa famille dans les embarras d'une succession obérée. Le testament qu'il fit à Tulle, le 16 décembre 1661, renfermait des legs nombreux et désignait pour héritier son frère Jean-Calmine. Il était impossible de satisfaire aux lourdes charges qu'il laissait. Après la mort d'Etienne, on se trouva dans la nécessité, pour acquitter ses dettes et ses legs particuliers, de vendre les fiefs de Baluze et du Clos, le gentil château du Guérinet. C'est ainsi que prit fin, à Tulle, l'apothéose du trop généreux Etienne Baluze.

IV

JEAN-CALMINE BALUZE

Jean-Calmine avait embrassé l'état ecclésiastique, était prieur d'Auriac ; son cousin, le savant Étienne, s'étant démis en sa faveur du canonicat qu'il avait à Tulle, il fut nommé, le 27 septembre 1655, chanoine de l'Église Cathédrale. Ce dernier bénéfice ne le retint pas longtemps dans sa ville natale.

D'un esprit juste, délié, fort cultivé, d'un bon sens ingénieux, pratique, avec un fonds d'humeur plaisante, — ses qualités lui ouvrirent aisément l'accès des hautes charges. Il reçut diverses missions qui le mirent en vue et tournèrent à son avantage. Investi de la confiance du roi, il fut employé, comme ses frères, pour les affaires de la France à la Cour de Pologne.

Ce fut lui que Louis XIV chargea d'annoncer officiellement à cette Cour la naissance du Dauphin, son fils.

L'impression qu'il produisit sur l'esprit de Jean-Casimir avait été des plus favorables. Les effets s'en firent bientôt sentir. Il fut attaché à la maison royale, et le souverain en fit un de ses aumôniers ordinaires ; c'est ce qui résulte d'un brevet délivré à Calmine le 24 novembre 1660. Mais son séjour à Varsovie ne fut pas de longue durée.

Un congé d'ambassade du roi Jean-Casimir, en date du 30 janvier 1662, mentionne en effet ce qui suit : — « Le vénérable abbé Jean-Calmine de Baluze, ambassadeur de sa sérénissime Majesté de France auprès de Nous, rentre en France auprès du sérénissime, très puissant et très chrétien roi de France et de Navarre. »

De retour dans son pays, il passa quelques années à Tulle, puis alla se fixer définitivement à Paris et se retira au Séminaire de Saint-Sulpice. Cette retraite studieuse convenait à ses goûts élevés et modestes. Toutefois, dans la tranquillité de sa solitude, il en vint à désirer une vie différente, d'une action au dehors plus féconde et autrement efficace. Jean-Calmine, qui avait une âme profondément religieuse, s'échappait volontiers des pieuses contemplations pour rêver des conversions courageuses et des apostolats lointains. La foi qui l'animait avait des ailes, parcourait les espaces, se sentait appelée à agir. Il y avait, par delà les mers, en Amérique, dans les grandes et belles contrées qu'on appelait la Nouvelle France, des chrétiens à servir, des âmes à gagner. Les mouvements de son cœur l'y inclinaient et l'y entraînaient. Sa famille apprit un jour que le départ de Calmine était décidé. Elle en fut moins surprise que désolée. Tout ce qu'elle put tenter pour le retenir, elle le fit. Ses proches ne furent pas seuls à intervenir. On chercha à y intéresser le roi lui-même. Antoine fut chargé de solliciter un ordre de S. M. s'opposant au voyage. Il écrivit dans ce sens à M. de Pomponne, et celui-ci, par une lettre datée du camp devant Vizet, répondit le 18 mai 1672 :

J'ai reçu, monsieur, pendant notre marche, votre lettre du 22 du mois passé, et ce temps m'a paru peu propre pour demander au roi l'ordre que vous souhaitez pour retirer M. votre frère du dessein qu'il a pris de passer en Canada ; je m'assure que j'aurais fait inutilement cette demande, puisque je juge que Sa Majesté aurait eu de la peine à priver les catholiques qui sont en ce pays-là, de la consolation qu'ils doivent attendre du zèle d'un ecclésiastique que la seule vue de les assister appelle auprès d'eux (1)

Jean-Calmine restait donc libre, maître de ses résolutions. Il voulait, et pourtant il hésitait ; il hésitait devant les supplications des siens, et finit par s'y rendre. Le projet de départ ne fut pas suivi d'exécution.

Calmine, en outre de ses qualités d'esprit, avait un grand fonds de tendresse, une exquise

----

(1) *Annuaire de la Corrèze* pour l'année 1839. — Notice de M. Baluze du Maine, page 94.

bonté ; il était bienveillant, généreux, extrêmement serviable. Autant qu'on puisse en juger par
l'incident qu'amena son rêve d'Amérique, il était
le Benjamin de la famille. Antoine, son frère,
entretenait avec lui des relations suivies. C'est à
lui que sont adressées de Varsovie les Lettres en
langue limousine, dont il a été précédemment
question. Antoine le prend pour son intermédiaire dans ses affaires de France, le charge de la
conduite de ses intérêts, s'en remet à sa discré-
tion et à son jugement pour le règlement de
toutes choses, le laisse maître de les arranger à sa
guise : — « Oves tout oco intre las mas, gouver-
nach et poyach las taillas ». Vous avez, lui dit-il,
tout en main ; gouvernez et payez les tailles.

Une belle-sœur d'Antoine a sur les bras un
différend qui la tourmente. C'est Jean-Calmine
qui est prié d'intervenir, et de l'accommoder :
« — Lo moulie vous pregeo d'oprofondi l'offa
de so sor, et d'en prene toutas las lumieyras
que pouyres, et, se chal, vous tromettro so
percuro en bouno formo, per agi en suito coumo
ou troubores o perpaus. Se y ovio pau de causo,
creze que n'en chourrio pas fa de Bruch per las
rosous que poudez vous imagina, por-dessus las
qualas l'an possorio, se y ovio de que frire ». (1)

____

(1) « Ma femme vous prie d'approfondir l'affaire de sa
sœur, et d'en prendre toutes les lumières que vous pourrez,
et, s'il le faut, elle vous fera tenir sa procuration en bonne
forme pour agir ensuite, comme vous le trouverez à propos.
S'il y avait peu de chose, je crois qu'il n'en faudrait pas
faire de bruit pour les raisons que vous pouvez vous imaginer, par dessus lesquelles toutefois on passerait, s'il y
avait de quoi frire ».

Le complaisant chanoine s'en tire si bien que les intéressés veulent absolument lui faire cadeau d'un calice, de burettes et d'un bassin. Le présent avait une jolie valeur. Antoine qui sait que son frère s'est entremis par pure obligeance n'a pas voulu prendre sur lui de l'accepter. — « Lo dono vol vous douna un colice, de las buretas et un bossi jusques o lo volour de 3oo. Nou y ay pas vougut auvi to clar, mas m'o pregeat de vous tromettre oquesto lettro, que, creze, n'en porto l'ordre ; ne foré coumo vous pleyro » (1).

Antoine, depuis son départ pour la Pologne, n'a fait que de rares apparitions à Tulle. Depuis vingt ans, il n'y est pas revenu. Rien ne l'y ramènera, maintenant que Calmine n'y est plus, habite Paris ! Je ne crois pas, lui écrit-il, que l'envie me prenne d'y retourner, parce que Nou (Calmine) n'y est plus : « Nous creze pas que l'evegeo me prenio jomay de ley tourna, per qué Nou ley es pus ».

Ce sont là de beaux témoignages des sentiments qui unissaient les deux frères, de leur inaltérable douceur, du charme de leur commerce affectueux. Ils méritaient d'être ici recueillis, car ils sont tout à l'honneur de Jean-Calmine et nous en découvrent bien le cœur excellent, la nature sympathique, la beauté morale.

---

(1) « La dame veut vous donner un calice, des burettes et un bassin, jusques à la valeur de 300. Je n'y ai pas voulu entendre si clair, mais elle m'a prié de vous transmettre cette lettre qui, je crois, en porte l'ordre ; vous en ferez comme il vous plaira. »

Son cousin germain, l'historien Baluze ne lui
était pas moins attaché. Nous avons vu que
Calmine avait été mis en possession du canonicat de l'église cathédrale de Tulle, par suite
de la démission d'Etienne. Ses goûts studieux,
son savoir, son esprit religieux, son urbanité,
sa bonté naturelle lui avaient acquis l'estime et
l'affection de son illustre parent.

Etienne Baluze regardait son cousin comme
un frère. On trouve au sujet de Jean Calmine,
dans un chapitre de l'*Histoire de Tulle* quelques lignes d'une éloquente simplicité et d'une
sincérité touchante. Elles le représentent
comme un homme d'une belle intelligence,
d'une instruction étendue, d'une piété exem-
plaire. Etienne Baluze, qui les a écrites, s'en
excuse en quelque sorte parce qu'il s'agit d'un
des siens ; il veut surtout qu'on ne les croit pas
inspirées par des considérations de parenté. Le
seul besoin de rendre hommage à la vérité les
a dictées : « Si je m'exprime ainsi à son endroit,
ajoute-t-il, ce n'est pas parce qu'il était mon
cousin germain, mais à cause de ses qualités
éminentes et de ses rares vertus » (1).

Jean Calmine mourut, âgé de soixante-douze
ans, le 20 février 1704, sur la paroisse de Saint-
Sulpice, dans le Séminaire où il s'était depuis
longtemps retiré. J'ai sous les yeux le bulletin

---

(1) *Histoire de Tulle*, chapitre 33, livre troisième : *de
Antonio Baluzio*.

de ses obsèques (1) qui le qualifie de prêtre du
dit Séminaire et mentionne qu'à ses services,
convoi et enterrement assistaient messire François Leschassier, prêtre, docteur en Sorbonne
et Supérieur, messire François le Boiteulx, aussi
docteur en Sorbonne et Directeur du Séminaire,
et sieur François de Fage, neveu du défunt.

L'éloge qu'en a laissé le savant Etienne
honorera à jamais la mémoire de Jean-Calmine
Baluze.

L'*Histoire de Tulle*, qui nous l'a transmis,
contient aussi les Lettres patentes du roi Louis
XIII en faveur d'Antoine, les diplômes conférés
à Etienne, gouverneur de Dirchaw et à Antoine,
par le roi Jean-Casimir (2). Elle a ainsi pieu-
sement conservé les vrais titres de noblesse de
cette grande famille des Baluze polonais, restée
à l'étranger si française, et toujours attachée au
pays natal. On y voit en quelle estime elle était
tenue, quel cas était fait de ses talents et de
ses services, quel lustre elle jeta sur notre province, et quelle reconnaissance lui doit notre
petite ville, cachée derrière son rideau de Châ-
taigniers, perdue aux bords de la Corrèze, entre

---

(1) Pièce communiquée par M. René Fage.
(2) Lettres du roi Louis XIII, par lesquelles il retient
Antoine de Baluze pour un de ses gentilshommes servants;
an 1634. — Diplôme de Jean-Casimir, roi de Pologne, en
faveur d'Etienne Baluze qui est admis au rang des Nobles
du Royaume, comme s'il y était né : an 1658.

Semblable diplôme du roi de Pologne pour Antoine
Baluze ; an 1665.

ses durs rochers ; sa chère *Ithaque* limousine, si troublée par les guerres et longtemps si misérable, qui fut pendant tant de siècles à la peine, mais qui, du moins, avec les Baluze, fut à l'honneur.

ETIENNE BALUZE & Mme DE MAINTENON

Mᵐᵉ de Maintenon a repris pied et crédit dans
le monde. Il était dans sa destinée de continuer
par delà la tombe son règne de favorite et de
sultane mère. La gouvernante des bâtards du roi
reçoit présentement les hommages des cheva-
liers et barons de la démocratie.

L'auguste directrice de Saint-Cyr est en passe
de devenir la maîtresse d'école du peuple souverain. MM. Lavallée, Gréard, Geffroy, Faguet,
MM. Auguste Hervé et Maxime du Camp,
l'Université et l'Académie, se sont entendus
pour lui refaire une virginité d'éducatrice modèle, à l'usage des nouvelles couches sociales.
Elle serait bien étonnée, et non moins flattée
sans doute, de voir ses fameux cahiers, ses
entretiens et ses dialogues, aux mains de la
jeunesse de nos jours. Entre la Maison d'éducation qu'elle créa sous le patronage de Louis XIV
et les maisons d'école de la troisième République fondée par M. Thiers, il y a l'espace infini,
plus que des abîmes : toute une société arrachée
de ses fondements et disparue comme dans un

déluge, et, sur ces ruines d'hier, l'ordre de choses qu'on appelle la France moderne. L'arche de Saint-Cyr s'est sauvée par le bon sens, un juste discernement des choses, les charmes froids de la raison, des grâces singulières de savante innocence, de charité, de simplicité, de pudeur sur le *qui vive* et de *catimini*, par l'esprit de dignité, d'accommodement et de sagesse. C'est bien quelque chose. Quel dommage, pourtant, qu'on soit obligé de cacher aux élèves une bonne partie de l'histoire de Mme de Maintenon ! On en dit assez pour piquer leur convoitise, trop peu pour les édifier sur le fond des choses. On procède du reste comme elle faisait elle-même, lorsqu'elle racontait aux demoiselles de Saint-Cyr certaines particularités de sa jeunesse, par voie de prétérition et de sélection. Je ne crois pas qu'elle leur ait dit le trait suivant, tout à son avantage et rapporté par Languet de Gergy, archevêque de Sens, dans ses mémoires : « Un jour qu'elle étoit en conversation chez une de ces dames (1), la chaleur ayant obligé tout le monde à se débarrasser de ses coiffes et de ses mantilles, les dames remarquèrent que Mme Scarron avoit la gorge très bien faite ; elles avoient soupçonné jusque là, par la manière dont elle affectoit de se coiffer et de s'habiller, que la gorge ne répondoit pas aux grâces de son visage et elles furent surprises qu'une jeune femme prît tant de soin à la cacher. » Que de modestie, mais quelle fine lame!

---

(1) La maréchale d'Albret, la duchesse de Richelieu.

Tout le monde sait ce qu'il en advint et comment le roi en fit plus tard ses gorges chaudes ; par quelle suite de degrés, très discrètement et dévotement suivis, l'amie de Mme de Montespan, la gouvernante de ses enfants, la confidente de la reine, fut amenée à prendre place, par esprit d'obéissance et de charité, et pour le salut de l'âme du roi, dans le lit de Marie-Thérèse, cinq jours après sa mort, s'il faut en croire Michelet, et d'après le plus grand nombre des historiens, dans le courant de 1684, seulement après le mariage secret.

L'histoire de l'élévation de Mme de Maintenon est tout de même presque édifiante en regard de celle de sa famille. Françoise d'Aubigné a des airs de sainte à côté de Constant, son père. Ce Constant d'Aubigné, malgré ses talents et sa belle mine, ne fut ni plus ni moins qu'un homme de sac et de corde, un sacripant hors de pair, qui passa son temps à faire de mauvais coups, des dettes et des dupes, à imaginer des expédients pendables pour se tirer d'affaire ; qui prit les armes contre son propre père Agrippa, servit tour à tour catholiques et protestants, trompa tout le monde, ses proches, ses amis, ses serviteurs, le duc de Rohan, le maréchal de Schombert, le roi Louis XIII. Sa vie ne fut, à parler juste, qu'un tissu d'infamies et de crimes. Il fabriqua de la fausse monnaie, tua sa femme Jeanne Marchand, fut emprisonné par ordre royal, n'échappa aux poursuites qu'à la condition de livrer au roi les forteresses de son père, se fit battre dans cette circonstance à plate couture et simula audacieusement un rapprochement avec Agrippa pour le trahir une fois de plus.

Agrippa d'Aubigné, pour dire vrai, ne valait pas non plus le diable ; mais c'était un aventurier de la grande espèce. Il y avait en lui l'étoffe d'un chevalier de race, une rudesse féodale, qui n'excluait pas une certaine probité suivant les mœurs du temps, un mélange étonnant de vertus et de vices, qui en faisait un homme redoutablement supérieur. Son *Histoire universelle* et ses *Tragiques* l'ont amnistié aux yeux de la postérité.

Son fils, lui, ne fut toute sa vie qu'un gibier des prisons d'Etat. Il ne sortait d'une geôle que pour entrer dans une autre. Entre temps, et dans l'intervalle des grâces qui lui étaient octroyées, il reprenait de plus belle ses odieuses fredaines. Un ordre du roi ou du cardinal intervenait pour y couper court et le reléguait tantôt sur un point, tantôt sur un autre, dans les conciergeries de la Rochelle, de Paris, d'Angers, de Tours, de Niort, de Bordeaux, parfois même à l'étranger.

Il était au Château-Trompette lorsque l'occasion plaça sous ses yeux une jeune personne, dans la fleur naissante de la beauté et du sentiment, la fille du sieur Pierre de Cardilhac, sieur de Lalanne, lieutenant du duc d'Epernon dans le gouvernement de cette forteresse. Il lui fit une cour assidue, enleva le mariage et obtint du même coup son élargissement, grâce à l'intercession du duc d'Épernon. Constant était veuf, avait quarante-trois ans ; elle, seize ans.

Jeanne de Cardilhac, dès lors, n'eut plus de répit, fut vouée à tous les supplices ! On ne peut se faire une idée des souffrances qu'elle eut à endurer, des avanies dont elle fut abreuvée, de l'abîme de désolation où elle tomba. Le mariage avait eu lieu le 27 décembre 1627. Un an après, elle demandait sa séparation de biens. Son affection pour Constant n'en fut pas ébranlée, survécut à tout. Elle suivait son mari de prison en prison, payait ses frais de geôlage, partageait ses tribulations et ses misères. Elle nous représente dans l'histoire le parfait modèle du malheur domestique le plus grand qui se puisse concevoir, et du dévouement conjugal le plus touchant, le plus fidèle.

On peut dire que Jeanne de Cardilhac ne voyait son mari qu'en prison. Dès qu'il était libre, l'esprit d'aventure l'emportait, rattrapait le temps perdu, et Constant prenait sans vergogne ses ébats ailleurs. Les enfants qu'il eut d'elle naquirent sous les verrous. Son fils Charles eut pour berceau le Château-Trompette. Sa fille Françoise vint au monde, le 27 septembre 1635, à la conciergerie du palais de Niort. Mme de Villette, sœur de Constant et qui lui était très attachée, se chargea heureusement des enfants, les prit avec elle et éleva Françoise, qui devint Mme de Maintenon.

On comprend que celle-ci, dans l'immense
fortune qui lui échut, ne trouvât nul plaisir à
regarder dans ses origines, dans l'histoire de son
père ; qu'elle en trainât le souvenir comme un
boulet. Le silence qu'elle a constamment gardé
à cet endroit s'explique de reste. Elle était cependant l'enfant préférée de Constant d'Aubigné. Pendant la longue captivité de Niort, elle
venait souvent le voir en compagnie de Mme
de Villette. Ses jours de visite étaient des jours
d'allégresse pour le prisonnier. « Je n'ai, disait-il,
d'autre consolation que celle de ma petite
innocente. » La *petite innocente* avait déjà le
sentiment du rang que lui assignait sa noblesse.
Mlle d'Aumale rapporte que Mme de Maintenon
« se souvenait d'avoir joué avec la fille du
geôlier, qui était de son âge. Celle-ci avait un
ménage d'argent et Mme de Maintenon n'en
avait pas ; elle lui reprochait qu'elle n'était pas
si riche qu'elle. — Non, répondit Françoise,
mais je suis demoiselle et vous ne l'êtes pas (1). »

Le mot est à retenir. Il fait voir dans la bouche
d'un enfant, quel abîme alors séparait les
classes. Sous cette boutade échappée dans un jeu
de fillettes, perce déjà la grande dame de Versailles, la future épouse du roi.

Or, au moment que Françoise d'Aubigné
était devenue la femme du roi Louis, il se
trouva que Baluze, bibliothécaire de Colbert,

---

(1) *La famille d'Aubigné et l'enfance de Mme de Maintenon*, par Théophile Lavallée, p. 56.

historien et savant émérite, grand collection-
neur de manuscrits, avait mis la main sur une
lettre de Constant d'Aubigné, datée des prisons
de Niort.

Cette lettre était de tous points d'un galant
homme, jaloux de reconquérir sa liberté pour
en faire un bon usage, zélé pour le bien de son
pays et décidé, si grâce lui était faite, à vendre
chèrement sa vie sous les drapeaux de l'armée royale. Les hommes les plus tarés de
l'ancienne Noblesse avaient ainsi parfois de ces
retours d'honnêteté et de vaillance, de ces remon-
tes de sang généreuses.

Baluze qui y attachait du prix et y voyait sans
doute un moyen de plaire, l'avait communiquée à M. d'Hozier et à quelques amis. Ceux-ci
n'en avaient pas gardé le secret. De hauts personnages du temps avaient eu vent du précieux
autographe. On en chuchottait à la Cour. La
curiosité des gentilshommes de Versailles était
éveillée. Baluze fut prié d'en livrer copie. Il
jugea à propos de prendre les devants et écrivit
en ces termes à Mme de Maintenon :

LETTRE ESCRITE

À MADAME LA MARQUISE DE MAINTENON

LE 14 FÉVRIER 1709

*Je prens la liberté de vous escrire cette letre
pour vous dire qu'ayant fait voir à quelques
uns de mes amys, et entr'autres à M. d'Hozier,
une lettre de feu M. d'Aubigny, qui m'est*

*tombée par hasard entre les mains, on m'en a
demandé une copie comme de vostre part, Madame, sans que j'eusse aucune preuve que vous
en eussiez donné l'ordre. Ce qui a été cause
que je l'ai refusée, croyant que le respect qui
vous est dû ne me permettoit pas de rendre cette
letre publique. Et neantmoins ayant lieu de
croire qu'elle est venue à vostre connoissance,
j'ai creu, Madame, qu'il estoit de mon devoir
de vous l'envoyer, comme j'ai l'honneur de le
faire presentement. Je ne vous entretiendray
pas plus longtemps sur ce sujet, Madame, si ce
n'est pour vous dire que je trouve cette letre
bien faite, qu'il paroit que celuy qui l'a escrite
estoit un homme de qualité et de mérite, qu'il
se sentoit estre ce qu'il estoit, ne parlant pas de
son père comme font ceux dont la naissance n'a
rien de relevé, disant* Monsieur d'Aubigny
mon père, *lorsqu'il parle de lûi. Je finis, Madame, en vous suppliant très humblement de
me faire la faveur de croire que je suis avec
toute sorte de respect,*

BALUZE.

Baluze avait pris soin de garder copie de sa
propre lettre et aussi de celle de Constant
d'Aubigné dont il annonçait l'envoi. Nous les

avons recueillies dans les *Armoires* qui portent son nom, à la Bibliothèque nationale (1).

La lettre de Constant a trait aux évènements militaires qui se passaient alors et qui avaient pour objet de réduire la maison d'Autriche. On sortait à peine du chaos de l'année 1636, de l'invasion du nord et de l'est de la France par les brigands impériaux, de l'écrasement de la Lorraine. L'année 1637 s'annonçait sous les plus tristes auspices. Des provinces ruinées, le royaume épuisé, la famine partout. Il fallait un effort suprême. Constant d'Aubigné, dans ces conjonctures, écrit la lettre que nous allons citer. Elle est habile, pressante, d'un élan généreux. Elle jette adroitement un voile sur les côtés peu recommandables de sa vie et met en avant les intrigues qui l'ont enveloppé et perdu, les haines qui le poursuivent, qui n'ont pas été épargnées à son père et dont il est depuis longtemps, avec tous les siens, la victime lamentable. Le langage qu'il tient a de la dignité, de l'émotion, des accents dignes d'Agrippa d'Aubigné. Il retrace avec énergie l'état de détresse dans lequel il est plongé, les services qu'il a rendus, l'inaction qui le ronge au milieu des faits de guerre qui s'accomplissent ; il supplie le puissant protecteur auquel il s'adresse d'obtenir du duc de Weymar, le brillant chef des auxiliaires allemands, commandant alors sur le Rhin pour

---

(1) Manuscrits de Baluze, tome 182, page 79.

les couronnes de Suède et de France, qu'il veuille bien agréer ses services. La lettre est curieuse et mérite d'être lue :

COPIE D'UNE LETTRE DONT J'AI ENVOYÉ
L'ORIGINAL A MADAME LA MARQUISE DE MAINTENON
LE 14 FÉVRIER 1709

Monsieur,

Ayant appris depuis quelques jours que vous êtes près de Monseigneur le duc de Weymar et scachant, qu'un homme qui a les qualités que vous avez n'y peut estre qu'il ne vous aye en très grande estime et très grande considération, j'ay cru ne pouvoir trouver un plus puissant moyen de sortir de la misère en laquelle je suis depuis cinq années que de recourir à vostre intercession en l'assurance que vous vous souviendrez de la part que vous m'avez promise en vos bonnes grâces, pour la continuation desquelles il me suffira de vous dire que je suis dans l'affliction, nonobstant la grandeur de laquelle je demeurerois muet et presque abattu sans sentiment, si la ruine de ma famille ne me resveilloit à tous moments. Je vous supplierois encore d'avoir pitié de moy en la mémoire pleine de gloire de nostre grand ami M. le marquis de Torlat. Mais ma désolation cognue de vostre âme est une force assez puissante pour

vous esmouvoir à la compassion que je vous
demande. Je suis certain, Monsieur, que si
S. A. parle en ma faveur à S. E. prenant les
raisons qu'il verra bon estre impétrera ma
liberté. Et si les calomnies incroyables de mes
ennemys et plustot de mon nom que de ma personne ont tant prevalu contre moy, il y a moyen
de m'en donner de me relever de ma totale perte
et de me laisser en une plus estroite prison que
ne peut la garde d'un concierge, qui est de me
mettre sous la caution de gentilshommes d'honneur qui respondront de moy. Et à cela il ne
faudroit qu'un mandement à M. le Gouverneur
de la province ou au lieutenant du roy M. des
Roches Baritault, de recevoir la foy de ceux
que j'offre, trop prudens pour se charger d'un
tel faix, s'ils ne connaissoient ma vie et mon
innocence.

C'est de quoi je vous supplie, Monsieur, vous
asseurant que vous pouvez asseurer S. A. et
S. E. que jamais il n'y aura de reproches du
bien que je recevray d'un si signalé bénéfice.
Et si j'étois si heureux que de pouvoir employer le reste de mes jours sous les glorieux
commandemens de ce grand chef d'armée, je
trouverois que ma santé et ma petite créance ne
sont point tellement diminuées que je ne tinsse
quelque petite place où il me seroit ordonné.
Ce seroit, Monsieur, tirer un grand avantage

de mon désastre, et qui me feroit dire plus
justement qu'il ne le fut oncq que j'estois perdu
si je ne l'eusse esté. Ce que je laisse en vostre
judicieuse direction, usant encore de cette redite
que vous pourrez dire hautement et hardiment
à S. A. comme S. A. à S. E., que tout ce qui
m'a été supposé est faux, ce que je suis prêt de
maintenir entre quatre picques si autre que
M. de Bourdiaux, qui n'aimoit pas feu M. d'Aubigny mon père, se met en jeu, et qui nonobstant
cette haine, m'estant venu visiter en prison
toutes les fois qu'il a passé où j'estois, m'a
témoigné un grand repentir de ce qu'il avoit
fait, s'estimant très malheureux de m'avoir pu
faire du mal et ne pouvoir me procurer le bien
qu'il me désiroit, voyant bien n'estre pas vray
tout ce qu'on lui avait dit, me laissant avec des
promesses d'y faire tout son possible. Mesme
escrivit allant en l'armée navale à son secrétaire
et à M. des Noyers secrétaire d'Estat pour
négotier ma délivrance. Vous excuserez cette
longue distraction de vos pensées plus sérieuses,
puisque vous n'en pouvez avoir de plus chres-
tiennes que de soulager l'oppressé. A quoi je
suis très assuré que vous porterez l'une et
l'autre mieux. Et si S. E. scavoit de quel zèle
je courus une fois à Paris, d'où je la trouvois
partie, la foiblesse de mes reins m'empeschant
de la pouvoir suivre, de quoy j'eus de bons

témoins, S. A. auroit moins de peine au coup
que je demande à son autorité ; à l'abri de la-
quelle me retirant sous vos auspices, je finis
en l'espérance qui me vient que je pourray en-
core me voir près de vous, qui seroit mon plus
grand désir avec celuy de vous témoigner de
quel ressentiment je voudrois vivre et mourir,
Votre très humble et très obligé serviteur,

AUBIGNY (1).

A Niort. des prisons, ce 9 mars 1637.

Au dessus est escrit :
A Monsieur
Monsieur de Bonica.

La lettre de Constant d'Aubigné ne produisit
pas l'effet qu'il en attendait. Rien ne fut changé
à sa condition. Le fonds trop connu de cette
nature indisciplinée et corrompue n'inspirait
pas confiance. Sa captivité continua tant que
vécut Richelieu et ne prit fin qu'après le 4 décembre 1642, lors de la prise de possession du
pouvoir par Mazarin, qui ouvrit, comme don de
joyeux avènement, les portes des prisons d'Etat.

Françoise avait alors sept ans. Constant ne
tarda pas à quitter la France, partit pour la

---

(1) Le nom véritable est bien d'*Aubigny*, comme il résulte
de la lettre précitée. On écrivait indifféremment d'*Aubigny*
et d'*Aubigni*, quelquefois mais plus rarement, d'*Aubigné*.
C'est cette dernière dénomination qui est aujourd'hui la
plus usitée.

Martinique avec sa femme et ses enfants. La traversée éprouva extrêmement la petite fille. Elle était en si piteux état qu'elle passa pour morte et faillit être jetée à la mer. Jeanne de Cardilhac désolée, penchée sur sa malheureuse enfant, crut entendre un souffle, une pulsation, la retint et la sauva.

Que de souvenirs tristes et néanmoins attachants pour Mme de Maintenon dans ce roman de son enfance ! La lettre de Constant d'Aubigné l'y reportait avec dignité, ne pouvait que lui faire honneur. Baluze comptait sur un accueil favorable. Son attention fut-elle appréciée comme elle le méritait, par l'auguste personne qui en était l'objet ? Nulle mention n'en est faite dans les papiers de Baluze. Mme de Maintenon dut sans doute le faire remercier par Beauvilliers et Chevreuse, gendres de Colbert, protecteurs du célèbre historien. Il est fort présumable que son esprit ne s'y arrêta que légèrement. Ses soucis du moment étaient ailleurs.

Les malheurs, les pertes de la France étaient infinis. Un hiver, d'une rigueur inouïe, désolait le royaume. Ajoutons que le confesseur du roi, le Père de la Chaise, venait juste de mourir (janvier 1709) et que c'était une affaire d'Etat de lui choisir un successeur, dans le tourbillon de cabales qui se croisaient et s'entrecroisaient, à cette occasion, de jansénistes à jésuites. Madame de Maintenon fut bien obligée, le roi faiblissant à vue d'œil et se tournant du côté des jésuites, de faire comme le roi, d'abandonner ses partisans, de laisser passer et même de désigner, pour plaire, le Père le Tellier, une trouvaille de génie lancée à la tête de son excellent ami, le cardinal de Noailles. Ce terrible religieux, fils de forgeron, dur comme une enclume, commença par mettre sous son rude marteau la conscience troublée et timorée de Louis XIV, celle résignée et désemparée de Mme de Maintenon ; et tout le monde à la Cour, de bonne grâce ou à contre-cœur, finit par s'assouplir sous la main du plus jésuite des jésuites.

Mme de Maintenon, qui avait vu venir le coup, s'était soumise à temps, s'en était humblement remise à la Providence, comme elle avait coutume de faire dans les circonstances critiques.

Dans le même temps se passait la grande querelle, suscitée par le livre des *Réflexions morales sur le Nouveau-Testament*, du janséniste Quesnel, qui divisa profondément l'Eglise de France, et où Mme de Maintenon joua un rôle si actif et si habile, prise entre le cardinal de Noailles qu'elle voulait ménager et les amis de Fénelon qu'elle voulait servir.

La lettre de Constant d'Aubigné risquait fort, il faut le reconnaître, de passer inaperçue dans ce conflit de graves préoccupations.

Baluze avait d'autant plus mal choisi son heure pour faire sa cour à Mme de Maintenon, qu'il venait lui-même de mettre le feu aux poudres les plus inflammables, aux susceptibilités de la haute noblesse et du roi, par la publication de son *Histoire généalogique de la maison d'Auvergne*, qui faisait descendre les Bouillon des comtes d'Auvergne, cadets des ducs de Guyenne. Louis XIV n'avait pu contenir son mépris et sa colère. Un gros péril s'amassait contre le cardinal de Bouillon et son historien Baluze (1). On serait porté à croire que celui-ci, dans cette crise aiguë, en quête d'expédients pour conjurer ou adoucir l'orage, entrevît comme une protection possible dans l'intéressant autographe, et qu'il lui vînt alors à l'idée d'en tirer parti auprès de la puissante fille de Constant d'Aubigné, de chercher à gagner ses bonnes grâces par une démarche pleine de respect et de courtoisie ; tel dut être, ce semble, le mobile qui dicta la lettre du 14 février 1709. Elle ne lui fut, hélas ! d'aucun profit. La suite ne le prouva que trop. A quelque temps de là (1710), Etienne Baluze tombait en pleine disgrâce, se voyait privé de sa chaire de professeur au Collège Royal et prenait le chemin de l'exil.

---

(1) Voir notre notice sur l'auteur de l'*Histoire généalogique de la maison d'Auvergne*, dans le *Bulletin de la Société des lettres de Tulle*, 2ᵉ, 3ᵉ et 4ᵉ trimestre de l'année 1898.

TABLE